企业营销及财务管理探索

房立勇 主编

石油工业出版社

内 容 提 要

本文集收录了企业营销及财务管理领域具有较强学术性的优秀论文 11 篇，深入剖析二者内在联系与实践策略，内容涵盖营销战略、市场推广、客户关系管理、财务分析、预算编制等内容，对传统与新兴产业企业均具借鉴意义。通过 FLYER 销售公司物流规划、汕头分公司低压膜料产品营销决策等实例，深入探讨企业发展关键问题解决方案。同时介绍了多种创新营销模式，如线性聚乙烯套保方案、"周均价+全配送"等，助力企业提升市场竞争力。

本书可供企业领导、企业营销人员及相关领域的研究者参考阅读。

图书在版编目（CIP）数据

企业营销及财务管理探索 / 房立勇主编 . -- 北京：石油工业出版社，2025.4. -- ISBN 978-7-5183-7382-6

Ⅰ.F274；F275

中国国家版本馆 CIP 数据核字第 2025X7G360 号

出版发行：石油工业出版社
（北京安定门外安华里 2 区 1 号　100011）
网　　址：www.petropub.com
编辑部：（010）64523708
图书营销中心：（010）64523633
经　　销：全国新华书店
印　　刷：北京中石油彩色印刷有限责任公司

2025 年 4 月第 1 版　2025 年 4 月第 1 次印刷
787×1092 毫米　开本：1/16　印张：8.25
字数：180 千字

定价：100.00 元
（如出现印装质量问题，我社图书营销中心负责调换）
版权所有，翻印必究

《企业营销及财务管理探索》
编委会

主　编：房立勇

委　员：（按姓氏笔画排序）

冯灵雄　冯铭程　刘晋豪　孙颖楠　林智敬

房桐旭　房桐羽　黄德宏　程开宏　谢志玲

谢润丰

前言 Preface

在当今竞争激烈的商业环境中，企业的营销与财务管理犹如车之两轮、鸟之双翼，共同驱动着企业的稳健发展与持续前行。《企业营销及财务管理探索》一书，旨在深入剖析这两个关键领域的内在联系与实践策略，为企业管理者、从业者及相关领域的研究者提供具有价值的见解与指导。

营销作为企业连接市场与消费者的桥梁，关乎产品与服务的价值实现与市场拓展；而财务管理则聚焦于企业资源的有效配置、资金的合理运作及对风险的精准把控，为企业的生存与发展筑牢根基。本书整合汇编了相关理论文章和营销实例探索文章，从企业营销战略研究实例、领导者具有财务背景对企业的深远影响，以及采取新的营销方式方法对企业经营管理高质量发展的推动与探索等入手，实现助力企业利润最大化与创造最大价值的目标。

本书涵盖营销战略、市场推广、客户关系管理等营销领域的核心内容，以及财务分析、预算编制、成本控制等财务管理方面的内容。无论是传统行业还是新兴产业，都能从本书中汲取养分。

面对复杂多变的市场浪潮，能够找准方向，通过营销与财务管理协同发力，获取高质量发展动能，将其与实践深度结合，是驶向成功彼岸，实现企业高质量发展的钥匙之一。希望本书对读者能够给予一定的助力。

目录 Contents

FLYER 销售公司物流规划与整合研究 ………………………………………… 房立勇（1）

调研成果转化为营销决策的路径探究——以汕头销售分公司低压膜料产品为例

………………………………………………………………… 房立勇　冯灵雄（7）

华南化工销售公司线性聚乙烯套保方案 ………… 谢润丰　房立勇　张明禹　等（17）

化工销售物流供应链管理现状及优化探索 ……………………………… 张颖鑫（29）

基于外部对标视角下的中国石油营销物流信息化改革探索 ………… 冯铭程　翁乂（35）

化工营销新模式探索与实践——以广东石化与吉化揭阳项目为例 … 张晗　刘晋豪（48）

精准激励　提升销售企业竞争力：华南化工销售分公司案例分析 …………… 程开宏（61）

信息系统协同在广东石化（吉化揭阳）项目化工产品出厂流程设计中的探索和实践

………………………………………………………… 张　超　谢志岭　王维军　等（69）

影响化工销售企业利润"七要素"分析方法 ………………………………… 房立勇（87）

竞价销售模式在销售中的应用与成效——以汕头分公司为例

………………………………………………… 房立勇　冯灵雄　舒海东　等（97）

中国石油合成树脂产品共享托盘运用研究 ……… 林智敬　孙颖楠　翁乂　等（111）

FLYER 销售公司物流规划与整合研究

房立勇

摘　要：FLYER 销售公司预计将有强劲的业务增长，就 FLYER 销售公司在发展销售核心竞争力的基础上，如何加强对物流配送专业化管理的控制力，如何将第三方物流与销售企业有机的结合是本文研究的主题。销售业务与第三方物流的结合将成为 FLYER 公司成功的可行之路。
关键词：销售；物流；规划；整合

在当今世界经济社会里，企业的国别感逐渐淡化、原来"大而全"的企业集团运行模式受到了严峻挑战，专业化经营管理体现出崭新的势头。销售企业将面临发展销售核心竞争力，物流配送专业化管理，销售企业如何加强辅助支持系统的控制力等问题。FLYER 销售公司在做大做强的理念下整体销售业务在"十一五"期间有质的飞跃，有大幅度增长，但是"产、销、运"是一个企业永恒的关键流程，本文就 FLYER 销售公司物流规划提出整合意见。

1　FLYER 销售公司的业务处于成长期

FLYER 销售公司是一家原料化工品的销售公司，企业地位日新月异，要想做到持续增长，必须把蛋糕做大。FLYER 公司可保证的生产产品预计销量增长如图 1 所示。

根据图 1 分析，FLYER 销售公司在"十一五"期间销量预计增长 60%，年均增长 12%。但是是否能完成预期目标，对货物的配送与到位时间也非常关键，作为销售的有力支撑。

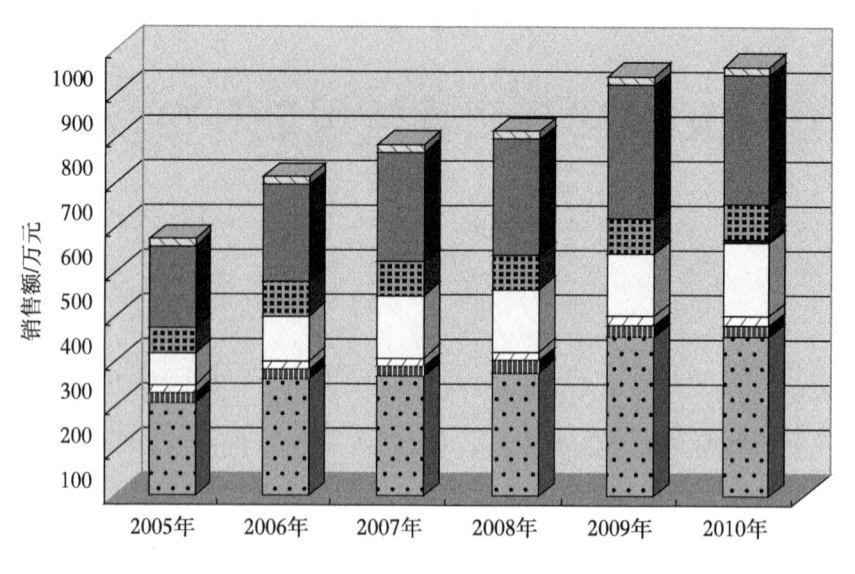

图1 2005—2010年物流业务经营情况表

2 销售业务对于物流业务的依赖性分析

2005年中国社会物流总额达48万亿元，同比增长25.2%，增幅虽比上年有所回落，但仍在快速增长区间。从结构来看，工业品物流增长最快，在社会物流总额中占有比例最大；农产品物流增长最慢，所占比重较小，作为一个在"十一五"期间销售业务增幅较大的企业必须高度重视物流业务。

2006年大约有12%的物流与储运公司的仓储面积在1万平方米以下，有40%的物流与储运公司仓储面积在1万~5万平方米，有22%的物流与储运公司仓储面积在5万~10万平方米，有26%的物流与储运公司仓储面积在10万平方米以上。

中国大约有1.6万个物流服务行业公司，行业产值超过390亿元。预测2010年中国物流行业的产值将达到12000亿元。中国巨大的物流市场已经吸引了国际上各个货运巨头的目光，外国物流企业纷纷进军中国市场，预测未来几年中国物流业将保持快速增长态势。中国物流市场发展前景广阔，给了投资者一个发挥的空间，同时销售企业谁控制了物流，谁就决定了加速度和目标市场主流成交价。

FLYER销售公司拥有自己的物流公司，一方面，由于石油价格的上涨和在设施、设备和技术上投入的增加，物流企业的运营成本大幅提高；另一方面,行业竞争加剧导致物流服务收费普遍降低,2005年物流业务由于物流市场的利润率普遍下降和业务规模运输饱和率的降低导致企业利润减少,竞争力下滑。为提高盈利水平和竞争能力,物流企业的服务日趋专业化,物流行业急需按照行业、地域、产品不断细分。

虽然,FLYER销售公司拥有自己的物流公司和销售业务的货源垄断权,但是属于单方物流,即运出物流、返空率100%,折合成综合运输负荷率仅为50%,也急需融入物流专业化管理的洪流中;同时人力资源是有限的,所以必须引入"空降兵"——第三方物流。

3 第三方物流业务的理念引入

第三方物流是指生产经营企业为集中精力搞好主业,把原来属于自己处理的物流活动,以合同方式委托给专业物流服务企业,同时通过信息系统与物流服务企业保持密切联系,以达到对物流全程的管理和控制的一种物流运作与管理方式。因此第三方物流又叫合同制物流。

根据对国外一些大公司物流状况进行调研、比较,我们发现国内的集团性的物流已经远远落后于国外大集团公司,成为国内集团企业发展的制约因素。因此,应从长远的发展出发,发挥集团的整体效应,利用网络资讯技术资源优势和外部资源,对企业内部物流进行全面的重组和改革,进行统一协调和管理,迎接电子商务时代的到来,促进集团资源的全面整合。

4 对FLYER销售公司采取第三方物流方式的整合规划

FLYER销售公司应从以下四方面进行第三方物流整合。

(1)集团上下达成共识为物流的整合提供有力的基础。

随着国内集团企业规模的不断扩大,现有的物流已经成为制约其发展的因素,无论从发展的角度,还是从国际、国内的大公司的物流经验看,进行全面的物流整合是必然趋势。这不仅在于充分发挥大集团的规模优势和整体效应,降低物流成本,提高服务水平和生产效率,还适应了当今世界资讯网络技术的发展,特别是电子商务的迅猛发展,使得传统的物流技术发生革命性的变革。

国内大型的集团公司，必须抓住这一机遇，否则将处于竞争的不利境地。现在国内很多集团企业已经认识到这一问题。

（2）IT技术的发展，特别是电子商务的逐渐成熟，为物流业务的整合提供了有力的技术支援和对物流的走向予以可控。

资讯网络技术的迅速发展把人类带入21世纪的新经济知识时代，一种不可抵挡的革命性变革已经走近我们，将给企业的发展带来质的飞跃。资讯网络技术，特别是电子商务的逐步成熟，与传统产业的密切结合，为传统产业带来新的增长点。电子商务与传统业务最成功的结合点是物流和资讯流，使得企业的运输、仓储、配送等物流业务和资讯的传递实现彻底地改变。物流以资讯网络为平台，借助电子商务提供的资讯流、资金流，可以真正实现物流上的一体化、智慧化。国内很多著名的产业集团公司，拥有先进的资讯技术，集团已经开通内部网，并且实现全国机构联网，电子商务开始启动，这些都将为物流的整合打开通畅的资讯通道，为与第三方物流公司的对接提供了可能。

（3）物流整合采取的主要方式。

目前，一般企业的物流主要有以下几种方式：集团单独投资建立"物流公司"；由集团联合各子公司建立"物流有限公司"；与其他非物流公司合资建立"物流有限公司"；与其他物流公司合资建立"物流有限公司"与其他多家运输仓储公司建立合作关系；与一家物流公司建立长期的合作关系（即第三方物流）。

对于自己独资或联合成立物流公司，固然可以占有物流市场的一部分利润，达到降低成本的目的，多元化经营。但建立一个规范的物流公司不仅要具备强大的运输、仓储能力，投入大量的资金，还必须占有大量的专业人才、具备先进的策划能力、资讯系统和管理水平，否则在未来的物流市场上难以立足。这对于一个非专业的以电子为主的集团公司而言，进入这一市场，不得不投入大量的资金，必然会阻碍集团专业化、规模化经营目标的实现。国内外的经验也证明专业化、规模化比多元化更具竞争优势，因此大多数的企业集团公司不采取这种方式，仅采取参股的形式。如果与多家公司停留在简单合作的基础上，不利于集团内部业务的整合和长远发展，也难以实现物流的智慧化。

（4）企业的物流竞争战略调整可能的五种途径。

①内部跨部门边界的物流功能整合。

FLYER销售公司可与物流运作有关的仓储、运输和进出口服务等职能部门合并，成立独立的物流管理部门，或在企业高管层设立企业物流总管，建立企业内部储运部门和产销部门之间的协调机制，在企业内部实行物流运作的一体化管理。

②将物流资源和职能做企业化分离。

企业将诸如仓储和运输等职能和相关的资产分离出去，成立独立的物流经营公司或独立核算的物流事业部。新成立的物流经营公司主要以其母公司为核心客户，同时也会根据服务能力情况在市场上寻求外部客户的业务，以提高物流资产的使用效率。

企业采取这样的物流战略调整，往往可起到"一箭双雕"的效果。一方面储运等物流资产和业务剥离后，可以使得原先隐性的物流成本显性化。物流成本边界的清晰必然有助于企业更好的管理物流运作，提高资产使用效率，并提高企业整体的管理水平。另一方面，企业可以用现有的业务培育自己的物流服务品牌，在提高客户服务水平的同时对母公司总体的竞争战略优势和母公司的品牌形成有效支持。

③成立合资的物流经营公司。

这实际上是企业通过物流业务和资产整合的办法获取专业物流公司运作和管理技能，并在实际上将自己的物流运作全部外包给第三方（或"第四方"）的过程。对企业来说，这样的战略调整既能够进一步提高物流管理水平，又保证了对物流运作外包以后的控制权，还是一个拿物流业务换取物流网络，通过资产和业务重组进入物流服务业市场的过程。

④将物流管理或运作直接外包给第三方物流服务公司。

包括外包给第三方物流运作公司如合同运输、协议仓储，外包给第三方物流管理公司如高水平的货代公司或专业化的咨询服务公司，以及外包给第三方信息服务公司如网上货运配载公司或物流IT系统服务供应商等。

根据双方物流合作的互动性程度，物流外包又分为一般的协议外包和深度的联盟外包。一般的协议外包指诸如货运线路招标和合同仓储等，这是目前我国企业比较普遍采用的方法。后者如UPS作为第三方物流服务供应商要为福特汽车公司管理整车的配送过程，要向福特公司提供每一辆整车配送全程的可视性服务。

深度的联盟外包至少应具备这样几个特点：为客户量身定制的物流解决方

案；企业发展战略、发展目标和有关信息资源的共享；提供专为客户配置的服务资源和工作团队；确立长期合作的战略联盟关系。

⑤建立协作物流联盟。

若干企业将自己的物流业务拿出来建立基于IT技术的协作物流联盟体系，一方面实现物流业务运作和服务能力资源的共享，在节约自身物流成本的同时获取规模经济效益，另一方面又掌握着对物流运作的实际控制权。这就是所谓的协作物流（Collaborative-Logistics）。基于IT技术的协作物流将代表未来企业物流运作的发展方向。

5 结论

FLYER销售公司在"十一五"期间通过结合企业实际情况采取其中一种有效的第三方物流方式能够确保增强企业销售核心竞争力，同时也具有物流业务的相对控制权，确保其在行业中做大做强。

参 考 文 献

[1] 毛禹忠. 物流管理 [M]. 北京：机械工业出版社，2004.
[2] 菲利普·科特勒，凯文·莱恩·凯勒. 营销管理 [M]. 梅清豪，译. 上海：上海人民出版社，2006.

调研成果转化为营销决策的路径探究
——以汕头销售分公司低压膜料产品为例

房立勇　冯灵雄

摘　要：本文以汕头销售分公司低压膜料产品为例，深入探究调研成果转化为营销决策的路径。汕头销售分公司依托广东石化投产后的全程配送信息，对产品流向进行精准调研，针对"卡点"与"堵点"进行深入分析。通过地毯式走访粤东市场，明确原料及下游客户特点，掌握市场容量，确立市场定位与目标客户。摸查区域仓库与重点企业，建立探针点监控社会库存变化。结合调研数据与化工资讯，运用大数据分析，实现产品线、价格、政策、技术等多维度分析，为营销决策提供支持。

关键词：全程配送；低压膜料；探针点；大数据

在当前全球化经济背景下，化工行业的市场竞争日益激烈，准确的市场调研与高效的营销决策成为了企业取得竞争优势的关键。华南化工销售公司作为国内重要的化工销售企业，其市场营销策略的制定和执行对于提升市场竞争力具有重要意义。随着广东石化项目的投产，汕头销售分公司作为华南化工销售公司的重要组成部分，面临着巨大的市场机遇与挑战。

1　研究背景和意义

华南化工销售公司为积极响应集团公司和炼化新材料公司的部署，推出了"周均价＋全程配送"的新营销模式，通过提供产品"门到门"的全程配送服务，不仅提升了客户体验，还为公司准确掌握各产品的真实目标市场提供了有力支持。同时借助化工品物流管理系统与电销系统、ERP、广东石化储运自动化系统的融合和信息共享，公司成功推进了营销工作的数字化转型，进一步提升了销售效率和质量。

然而在复杂多变的国内外经济形势下,汕头销售分公司面临着诸多挑战。国际地缘政治冲突、欧美货币政策的不确定性、全球经济增长乏力及贸易保护主义的抬头等因素,给我国化工出口带来了较大压力。同时国内需求收缩、供给冲击、预期转弱等问题也对企业经营造成了不小的影响,特别是在能源化工行业转型升级的大背景下,市场竞争愈发激烈,企业间的差异化竞争成为了决定胜负的关键。

因此,如何将市场调研成果有效转化为营销决策支持,成为了汕头销售分公司亟待解决的问题。本文基于这一背景,以汕头销售分公司低压膜料产品为例,深入探究调研成果转化为营销决策的路径。通过深入分析汕头销售分公司低压膜料产品的经营现状及公司所处的内外部环境,揭示当前市场调研成果转化为营销决策支持的主要问题,并提出相应的可行性方案和保障机制。这不仅有助于汕头销售分公司优化营销策略、提升市场竞争力,还能为其他化工销售公司提供有益的借鉴和参考,推动整个行业的健康发展。

2 调研成果转化为营销决策的现状分析

汕头销售分公司作为华南化工销售公司的重要分支,近年来在市场调研与营销决策间的衔接上取得了一定的进步,但仍存在一些明显的不足。

(1)从调研的广度与深度来看,汕头销售分公司虽然按计划制定了年度市场走访和调研计划,开展了系列市场调研活动,但对某些关键领域的调研尚显不足。例如对于目标市场的细分、目标客户的经营现状、客户需求的深度挖掘及竞争对手的策略分析等方面,调研的深度和广度仍有待加强。

(2)调研数据的收集与处理存在不足。目前汕头销售分公司虽然积累了一定的市场调研数据,但在数据的整合、分析和利用方面尚显薄弱,仅有市场走访记录表和每半年的各品种简单市场调研报告。数据的准确性和时效性有待提升,缺乏系统化的数据处理流程,导致部分有价值的信息未能被有效提取和利用。

(3)营销决策对调研成果的依赖度不够。在营销决策过程中,汕头销售分公司往往更多地依赖于历史经验、直觉判断及市场趋势的宏观分析，对市场调研成果的重视程度不够，这导致营销决策与实际市场需求之间存在一定的偏差，影响了营销效果。

（4）公司内部在调研与营销之间的沟通和协作机制尚不完善。调研的客户经理与总部负责营销部门之间的信息传递不够畅通，缺乏有效的信息共享和沟通平台，导致调研成果难以及时转化为营销决策支持。

综上所述，汕头销售分公司在调研成果转化为营销决策方面还存在诸多问题，需要进一步完善和优化相关机制和流程。

3 结合全程配送信息分析汕头销售分公司低压膜料营销现状

低压膜料国内总需求近400万吨，粤东地区需求量近20万吨，占全国需求的5%，中国石油产品占粤东市场约50%以上，主要牌号为广东石化DGDZ-6095、ACP9255，主要竞争对手为中海壳牌、中国石化、中化泉州，主要牌号为壳牌5121B、海南9255、中科55110、茂名TR144、中化55110。

如表1所示，汕头销售分公司在粤东地区的销售情况年销售量在10万吨以上。从配送区域来看，揭阳、汕头是主要的销售区域，占据了98.08%的市场份额，其中送揭阳市场中，揭东区占比75.25%、榕城区占比21.79%，两区占比合计97.04%；送汕头市场中，金平区占比50.11%，龙湖区占比39.85%，两区占比合计89.96%。这表明粤东地区低压膜料的市场主要在揭阳市揭东区、榕城区和汕头市金平区、龙湖区，且汕头销售分公司在这些地区具有较强的市场影响力和竞争力。

从配送数量来看，各区域的销售情况存在一定的差异。梅州、汕尾、潮州区域的销售量相对较低，市场需求量偏少。因此，汕头销售分公司需要针对不同区域的特点和需求，制定差异化的营销策略，以提高市场份额和销售业绩。

此外，全程配送信息的分析还可以帮助汕头销售分公司了解产品的流向和库存情况，从而优化物流配送和库存管理。通过提高配送效率和降低库存成本，公司可以进一步提升市场竞争力。

表1 2023年4月—2024年3月粤东地区低压膜料配送数据

单位：吨

配送区域	数量	市区占比	粤东占比
潮安区	930	93.94%	0.90%
饶平县	30	3.03%	0.03%
湘桥区	30	3.03%	0.03%
潮州合计	990	100%	0.96%
濠江区	30	0.04%	0.03%
揭东区	54900	75.25%	53.29%
揭西县	360	0.49%	0.35%
普宁市	1770	2.43%	1.72%
榕城区	15900	21.79%	15.43%
揭阳合计	72960	100%	70.82%
梅江区	420	100%	0.41%
梅州合计	420	100%	0.41%
潮南区	630	2.24%	0.61%
澄海区	1050	3.74%	1.02%
濠江区	1140	4.06%	1.11%
金平区	14070	50.11%	13.66%
龙湖区	11190	39.85%	10.86%
汕头合计	28080	100%	27.26%
海丰县	390	68.42%	0.38%
陆丰市	180	31.58%	0.17%
汕尾合计	570	100%	0.55%
粤东合计	103020		100%

资料来源：根据汕头销售分公司内部数据整理，2024。

如表2所示，汕头销售分公司的客户结构涉及客户数量、客户类型、客户采购量等多个维度，对于制定销售策略、优化资源配置及提升市场竞争力具有重要意义。

首先，从客户数量上看汕头销售分公司拥有较为稳定的客户群体，共计12家客户，其中11家为贸易商客户，1家为直供客户。

其次，从客户类型上看，汕头销售分公司的客户主要包括战略客户、重点客户及成长型客户。其中，战略客户如广东盟泰实业有限公司、广州格雷达特殊材料有限公司、甘肃龙昌石化集团有限公司、广东四联新材料科技有限公司、揭阳市万佳化工有限公司5家客户，采购量较大，对公司的业绩贡献显著。重点客户如明日控股（厦门）有限公司、广东海德森新材料科技有限公司、塑米科技（广东）有限公司3家客户，在采购量上虽然不及战略客户，但仍然是公司的重要客户。这些企业通常具有一定的市场规模和发展潜力，汕头销售分公司可以通过提供有竞争力的价格和优质的服务，争取更多的合作机会。成长型客户如汕头市金园锦佳塑料有限公司、广东信诺新材料实业有限公司、广东源诚塑业有限公司、广东常盛新材料有限公司4家客户，虽然采购量较小，但数量众多，对于公司市场份额的扩大和品牌知名度的提升具有积极作用。对于这些企业，汕头销售分公司可以关注其成长潜力，通过提供灵活的合作方式和个性化的服务，培养其成为公司的忠实客户。

此外，从客户采购量上看，汕头销售分公司的客户呈现出一定的集中度。销量前6的客户的采购量占据了公司总销售量的79.68%，这使得公司在客户管理上需要更加注重对关键客户的维护和拓展。同时，分公司也应关注中小客户的采购需求，特别终端客户，通过提供多样化的产品和服务，满足其不同需求，实现客户群体的多元化。

表2 2023年4月—2024年3月粤东地区低压膜料各客户采购数据

单位：吨

售达方名称	潮州	揭阳	梅州	汕头	汕尾	采购量总计	占比
广东盟泰实业有限公司	90	13860		1710		15660	15.20%
广州格雷达特殊材料有限公司	180	9780	150	5370		15480	15.03%
甘肃龙昌石化集团有限公司	210	12210	30	2370		14820	14.39%
广东四联新材料科技有限公司	180	7080	90	6750		14100	13.69%
揭阳市万佳化工有限公司	60	12630	60	780	60	13590	13.19%
明日控股（厦门）有限公司		3480	60	4680	210	8430	8.18%
广东海德森新材料科技有限公司	30	4560		1530	30	6150	5.97%
塑米科技（广东）有限公司		4620	30	810	270	5730	5.56%
汕头市金园锦佳塑料有限公司	180	2970		1140		4290	4.16%

续表

售达方名称	潮州	揭阳	梅州	汕头	汕尾	采购量总计	占比
广东信诺新材料实业有限公司	60	60		2580		2700	2.62%
广东源诚塑业有限公司		1590				1590	1.54%
广东常盛新材料有限公司		120		360		480	0.47%
各城市配送量总计	990	72960	420	28080	570	103020	100%

资料来源：根据汕头销售分公司内部数据整理，2024。

如表3所示，对汕头销售分公司低压膜料的仓库现状进行深入分析。

从库存分布与容量分析，本次调研粤东地区15个仓库，仓库库存容量总和为12.5万吨，目前合成树脂库存量8.25万吨，平均库存比例为66%，其中聚乙烯库存量近4.13万，低压膜料库存量近4450吨，整体库存水平相对适中，但各仓库之间的库存情况差异较大。

表3 粤东地区各仓库3月份末低压膜料库存情况

单位：吨

仓库名称	公司位置	库存容量	目前库存比例	聚乙烯比例	低压膜料库存量
升达仓	金平区	4000	80%	10%	300
全兴隆仓	澄海区	5000	40%	4%	0
典泰仓	金平区	3000	50%	30%	250
柏亚仓	金平区	15000	50%	40%	200
龙盛仓	金平区	8000	80%	18%	250
永新仓	揭阳市	20000	70%	55%	800
海力仓	金平区	8000	70%	20%	150
华文仓	金平区	10000	85%	30%	200
顺通仓	金平区	10000	85%	20%	200
利发仓	金平区	10000	80%	30%	300
集运仓	龙湖区	5000	20%	40%	0
石化物流园	濠江区	8000	20%	45%	0
万佳仓	揭阳市	4000	80%	15%	200
建展仓	龙湖区	10000	70%	40%	1500
新益诚仓	龙湖区	5000	80%	20%	100
总计/平均		125000	66%	33%	4450

资料来源：根据汕头销售分公司调研数据整理，2024。

从仓库位置与区域覆盖分析，本次调研仓库主要分布在金平区、龙湖区、揭阳市等地，这些区域是低压膜料的主要销售区，仓库布局与市场需求基本匹配。

从库存比例与聚乙烯比例分析，各仓库的库存比例和聚乙烯比例各不相同，这反映了不同仓库在存储策略和产品结构上的差异。例如，永新仓的聚乙烯比例最高，达到55%，而集运仓和石化物流园的库存比例和聚乙烯比例都较低。

从特定仓库情况分析，全兴隆仓、集运仓和石化物流园的低压膜料库存量为零，表明这些仓库当前并未储存低压膜料。而建展仓和永新仓的低压膜料库存量分别达到1500吨、800吨，与其客户存放习惯有关。

4　调研成果转化为营销决策的路径建议

针对汕头销售分公司在调研成果转化为营销决策方面存在的问题，提出以下优化建议，旨在更科学地将调研成果转化为有效的营销决策，同时充分考虑企业经营管理的可行性。

4.1　深化市场调研机制

精准化目标市场调研：针对揭阳市揭东区、榕城区和汕头市金平区、龙湖区等核心销售区域，细化调研指标，涵盖客户需求偏好、价格承受力、采购渠道等多维度信息，以形成定制化营销策略。

设立重点客户与仓库监测机制：选定关键客户与仓库，建立定期监测机制，通过数据分析及时把握市场动态，一旦采购或库存出现显著变化（如偏差超过5%），应立即进行原因分析，并在偏差超过10%时及时上报合成材料部。

竞争对手动态实时跟踪：建立竞争对手信息库，定期收集并分析中海壳牌、中国石化、中化泉州等主要竞争对手的市场动态、产品策略及价格变化，及时调整自身市场应对策略。

探索性调研区域扩展：对于梅州、汕尾、潮州等潜力区域，开展探索性调研，通过问卷调查、访谈等方式深入了解当地市场需求及增长潜力，为未来市场拓展提供决策依据。

4.2 建立高效的数据处理与分析系统

制定统一数据处理标准：明确数据收集、整理和分析的规范流程，确保数据的准确性和一致性，提高决策效率。

引入先进数据分析工具：利用大数据、人工智能等先进技术，如 OLAP、模拟分析等分析工具，对调研数据进行深度挖掘和分析，提取有价值的市场洞察，为营销决策提供科学依据。

建立数据反馈与决策支持系统：将数据分析结果及时反馈给合成材料部，为其制定和调整营销策略提供建议，助力决策与市场动态保持同步。

4.3 提升营销决策的数据驱动能力

制定数据驱动的营销策略：在制定营销策略时，充分依托市场调研数据，确保策略与市场需求紧密对接，提高营销效果。

定期评估营销策略效果：结合销售数据和市场反馈，定期对营销策略进行评估和调整，确保策略的有效性和针对性。

建立营销案例库与数据分析模型：将成功的营销案例与数据分析结果相结合，形成案例库和数据分析模型，建立企业市场营销管理和决策系统（MMDSS），为未来的营销决策提供有力支持。

4.4 强化内部沟通与协作机制

建立定期沟通会议制度：定期召开产品线沟通会议，分享市场调研成果、讨论营销策略、协调资源分配，提高团队协作效率。

加强信息共享平台建设：完善内部信息共享平台，实现市场调研数据、营销策略、销售数据等信息的实时更新和共享，促进部门间的信息流通与协作。

建立跨部门协作激励机制：鼓励合成材料部和各分公司之间加强协作，共同推进市场调研和营销策略的制定与实施，形成合力，提升市场竞争力。

通过以上优化措施的实施，汕头销售分公司能够更好地将调研成果转化为有效的营销决策，提升在粤东地区低压膜料市场的竞争力和市场份额，助力于总部建立企业市场营销管理和决策系统（图 1），实现企业的可持续发展。同时这些措施也充分考虑了企业经营管理的可行性，确保在实际操作中能够顺利推进并取得良好效果。

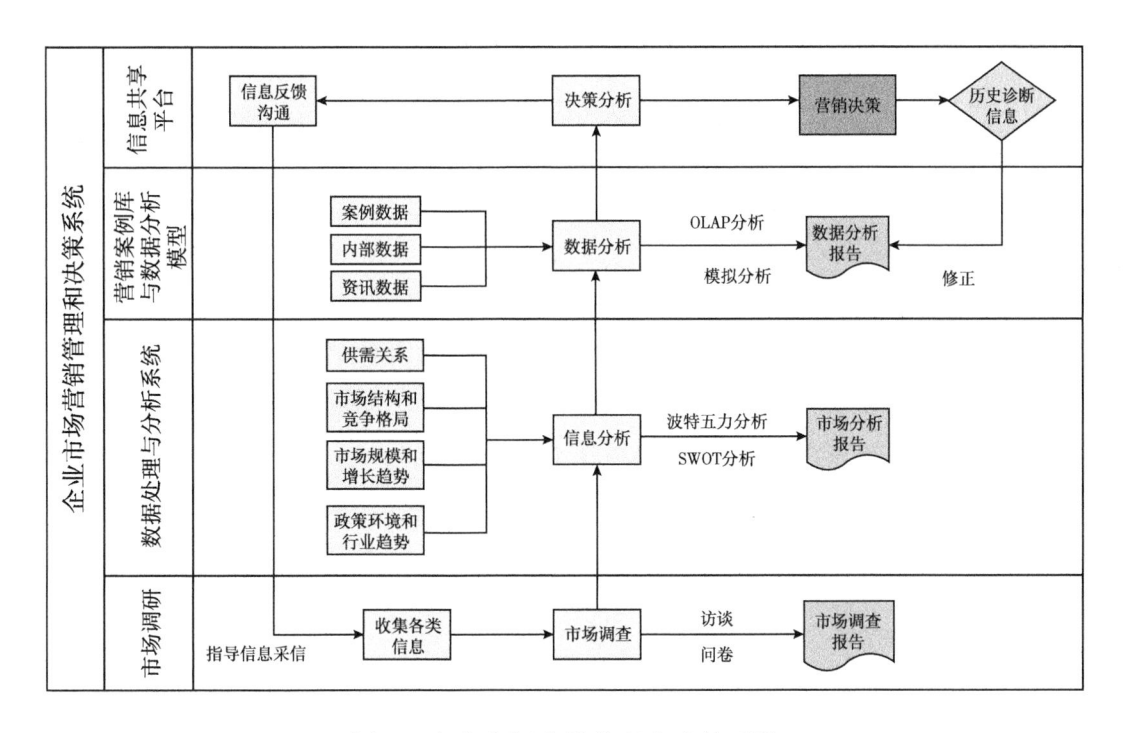

图 1　企业市场营销管理和决策系统

5　保障机制构建

为确保调研成果能够顺利转化为营销决策支持，汕头销售分公司需要构建相应的保障机制。

5.1　加强人员培训和能力提升

对客户经理和产品经理进行定期培训和能力提升，提高他们的专业素养和技能水平。通过培训和学习，使他们更好地理解和应用市场调研成果，提高营销决策的质量和效果。

5.2　优化组织结构和管理流程

调整和优化公司内部组织结构，建立更加高效的市场调研和营销决策团队。同时优化管理流程，简化决策流程，提高决策效率和响应速度。

5.3 建立激励机制和考核机制

制定合理的激励机制和考核机制，鼓励客户经理积极参与市场调研和营销决策工作。通过设立奖励制度、晋升机会等方式，激发员工的工作热情和创造力，推动调研成果的有效应用。

6 结论与展望

本文通过对汕头销售分公司低压膜料产品调研成果转化为营销决策的现状进行分析，提出了相应的路径建议和保障机制。通过加强市场调研的深度与广度、优化数据处理流程、提升营销决策对调研成果的依赖度及完善内部沟通和协作机制等措施，可以有效推动调研成果转化为营销决策支持，助力总部建立企业市场营销管理和决策系统。同时通过构建相应的保障机制，可以确保这些措施得到有效实施并取得良好效果。

展望未来，随着市场竞争的加剧和客户需求的不断变化，汕头销售分公司需要继续加强市场调研工作，不断提升调研成果的质量和应用价值。同时，还应积极探索新的营销模式和策略，以适应市场变化并保持竞争优势。通过不断优化和完善调研成果转化为营销决策的路径和保障机制，汕头销售分公司将能够在激烈的市场竞争中取得更好的业绩和发展。

参考文献

[1] 许以洪，刘玉芳.市场营销学 [M].北京：机械工业出版社，2012.
[2] 雷江，李玲.管理市场调研实务 [M].大连：大连理工大学出版社，2013.
[3] 孟萍莉.市场营销管理与决策支持系统的研究与实现 [J].改革与战略，2015，31（8）：46-48.
[4] 马咏梅.浅析市场调研技术在我国企业营销活动中的缺失 [J].市场论坛，2017（3）：41-43.
[5] 曹启琴.市场调研在企业营销管理中的应用 [J].纳税，2017（26）：1.
[6] 于笑晨.现代企业市场调研工作的重要性探讨 [J].企业改革与管理，2018（21）：136+145.

华南化工销售公司线性聚乙烯套保方案

谢润丰　房立勇　张明禹　李世蓬　杨志炜　易　磊

摘　要：本文严格执行2020年国资委下发的《关于切实加强金融衍生业务管理有关事项的通知》和2021年中国石油集团公司下发的《集团公司金融衍生业务管理办法》要求，严守套期保值原则，以降低实货风险敞口为目的，以华南区域市场线性产品基差研究为数据支撑，以宏观为感受，以基本面为判断依据，以"五W""三原则"为决策系统，制定与华南公司线性低密度聚乙烯产品经营规模相适应的套期保值方案。

关键词：线性低密度聚乙烯；套期保值；风险管控

本方案包括品种选择、基差研究、决策系统、套保方案、风险管控、建议六方面内容，具体内容如下。

1　品种选择

本方案选择线性低密度聚乙烯（简称LLDPE）做为套期保值产品。原因有以下几点：（1）社会需求和生产规模大。2021年国内LLDPE产品生产1010万吨，进口489万吨。（2）大连商品交易所交易的聚乙烯期货合约的交割标的物为2.0熔指LLDPE产品。（3）聚乙烯主力合约和次主力合约的交易规模大、交易活跃度高。（4）我司LLDPE产品销售规模扩大。广东石化开工之后，我公司符合大商所聚乙烯合约交割标准的LLDPE产品有抚顺石化和广东石化7042、7042N、7050产品，年销售量预计为52万吨。

2　基差研究

以2017年至2022年10月安迅思（ICS）华南市场线性产品日评估价为研究

对象,统计华南区域 LLDPE 产品基差数据。该基差数据样本数为 1406 个,数据分布情况近似于以中心值(u)为 187,标准差(δ)为 185 的正态分布(图 1)。基差落在一个标准差(δ)范围内,即(2,373]区间范围内的频数为 1022 次,概率为 72.69%。基差落在两个标准差(δ)范围内,即(-184,599]区间范围内的频数为 1341 次,概率为 95.38%。由图形可知,基差分布略微右偏,弱基差区间出现的频次少于强基差区间。

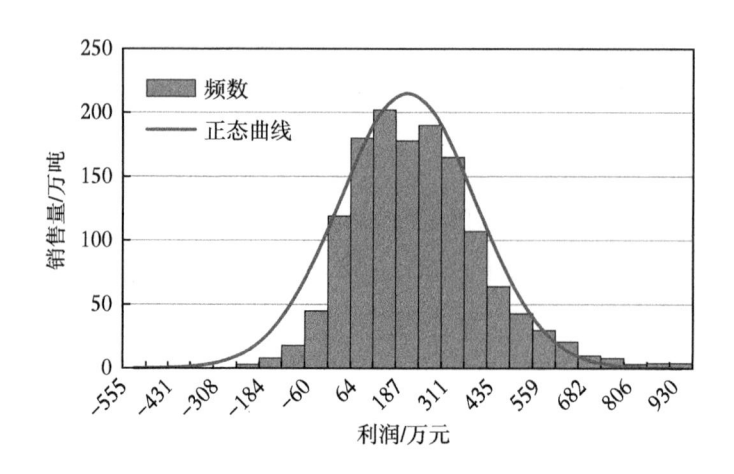

图 1　2017—2022 年 10 月份 ICS 华南 LLDPE 日评估价基差正态分布图

因 LLDPE 产品实物库存长期处于净多敞口状态,需通过卖空聚乙烯期货合约进行风险对冲,故需重点关注弱基差区间概率。如基差在(-555,-60]区间内的频数为 74 次,概率为 5.26%;基差在(-555,0]区间内的频数为 193 次,概率为 13.73%。通过基差分布研究,寻求弱基差套保时机,并在基差走强后获利平仓,提高基差套保胜率和盈利能力,从而实现更好的套期保值效果。

广东石化、海南炼化二期开车后,华南市场 LLDPE 产品本土化产能将增加 70 万吨每年。巨量产能投放市场预计将对华南市场 LLDPE 产品基差分布结构产生较大影响。必须持续跟进华南市场 LLDPE 产品基差分布情况,调整套保方案。

3　决策系统

决策系统采用五 W 决策系统和三大原则制作套保方案。

3.1 五 W 决策系统

（1）"Whether"是否进行套期保值：公司 LLDPE 产品实物库存长期处于净多敞口状态，产品价格随市场价格波动，有保值需要。

（2）"Which"选择合约与套保方向：根据敞口计算，应卖出保值；根据聚乙烯主力合约和次主力合约的持仓规模、合约月间价差、合约到期剩余时间，选择适当合约卖出保值。

（3）"When"套保时机选择：通过宏观和基本面审慎研判，研判市场存在大概率趋势性下跌风险时；或是现货市场价格出现贴水、现货销售困难和库存累积时。

（4）"What"敞口计算：广东石化 LLDPE 产品如果采用均价结算并实现当期销售。在现行采价结算成本制度下，广东石化 LLDPE 产品基本无敞口库存（当研判市场大概率将出现 400 元以上下跌行情，市场销售困难，公司同意调整广东石化 LLDPE 产品销售政策，保留部分 LLDPE 产品做为敞口库存时，可对该敞口库存进行套期保值）。在上述情况下，本文暂时认为我司 LLDPE 产品敞口库存为抚顺石化 LLDPE 产品库存。因抚顺石化 LLDPE 产品自厂库货权交割后，需要 20 天左右的运输周期才能达到华南市场前沿。因此，抚顺石化 LLDPE 产品长期有敞口库存 4000~9000 吨，该敞口库存以滚动形式存在。

（5）"How"制定套保策略：在判断市场存在大概率趋势性下跌风险时，采用趋势性套保，根据实际情况，选择基差偏小位置入场；在现货市场价格出现贴水时，选择基差套保或无风险套保，从基差角度选择套期保值入场和出场点，获取基差利润。趋势性套保和基差套保可以组合实施，根据基差概率大小，灵活调整组合比例。交易操作上，可一次性入场，也可分批入场。

3.2 三大原则

（1）大势研判：通过宏观压力大小、内需强弱、原油预期、两油及社会库存去库情况、期货合约月间价差结构、上游生产成本和边际利润、国内装置开工率和排产比例、后续产能投放计划等方面进行判断，综合判断后市大概率走势。

（2）提前量：根据大势研判结果，结合敞口库存，提前布局套保头寸，对冲敞口风险。

（3）净头寸：在套保过程中，结合基差的具体走势，灵活的调整净头寸。

4 套保方案

根据2020年国资委下发的《关于切实加强金融衍生业务管理有关事项的通知》要求，LLDPE产品可开展基差套保、趋势性套保、无风险套保三种形式的套期保值业务。严守套期保值原则，不开展持有期货多头与净敞口库存方向相同的点价业务。

4.1 基差套保方案

（1）操作前提：以当前华南LLDPE基差分布情况为依据，当现货市场价格接近甚至低于聚乙烯期货市场价格，现货销售不畅，两油库存和社会库存累库时，考虑开展基差套保业务。

（2）最大头寸：从审慎的态度出发，以抚顺石化LLDPE产品长期敞口库存的最低值4000吨做为持有期货空头的最大头寸，即800手。参与基差套保的现货头寸不能参与正常统销销售，必须严格与期货头寸保持同步操作。

（3）合约选择：选择交易规模较大、到期剩余时间最好超过70天及以上的合约。原因为剩余到期时间越长，调整套保策略的机会越多，基差走强至预期目标的概率增大，尽可能规避合约移仓换月存在潜在成本。

（4）入场点位：建议入场点位设置在华南LLDPE基差小于0时，而且越小越好，根据基差情况分批建仓或一次性建仓。原因为根据对华南LLDPE基差数据的分析，当华南LLDPE产品基差等于0时，基差进一步走弱的概率为13.73%，基差走强的概率为86.27%；当华南LLDPE基差等于-60时，基差进一步走弱的概率为5.26%，基差走强的概率为94.74%。

（5）出场点位：参与套保现货头寸需采用期货盘面点位+基差的报价形式进行销售，现货成交的同时进行期货头寸平仓。销售基差建议设置+100、+150、+200、+250及以上阶梯，根据基差走强速度和合约剩余时间进行灵活调整。原因是为对2017年至2022年10月份期间出现的17次基差小于0窗口进行统计，30个交易日内基差走强至100以上的概率为88.23%，50个交易日内基差走强至200以上的概率为82.35%。基差走强至100最长时间用时61天；

基差走强至 200 最长时间用时 107 天。经测算，开展套期保值业务 30 天的保证金利息、现货库存销售延缓造成资金占用和仓储费用合计为 50~60 元/吨。

4.2 无风险套保方案

（1）操作前提：华南 LLDPE 基差出现深度贴水，贴水幅度超过持有现货进行交割的持有成本时，可开展无风险套保业务。

（2）最大头寸：以抚顺石化 LLDPE 产品长期敞口库存的最低值 4000 吨做为持有期货空头的最大头寸，即 800 手。与基差套保方案一样，参与无风险套保的现货头寸不能参与正常统销销售，必须严格与期货头寸保持同步操作。

（3）合约选择：选择交易规模较大、到期剩余时间最好超过 70 天及以上的合约。

（4）入场点位：建议入场点位设置在华南 LLDPE 产品基差小于 -180 元时，此基差区间出现概率仅为 0.85%，建议一次性建仓。基差抚顺石化 LLDPE 产品为大商所注册交割品牌，但不是免检产品。注册仓单时需要检测，检测费用约为 7.5 元/吨；注册仓单手续费为 2 元/吨；交割仓库有金发仓、中储仓、柏亚仓等；公路入库费为 20 元/吨；仓储费为 1 元/（吨·天）；保证金和现货资金占用利息。从审慎的角度出发，60 天费用预计为 160 元/吨。

（5）出场点位：如果基差快速走强，现货销售以盘面+基差的报价形式进行，基差设置 0、50、100、100 及以上梯度，现货成交同时进行期货头寸平仓。如果期货合约到期日剩余 30 天，基差仍保持深度贴水，走强幅度不能覆盖持有已发生持有成本时，有三种选择：①继续等待基差走强，如临近交割时基差仍未走强，现货采用盘面+市场接受的弱基差进行报价成交，同时将期货头寸平仓。②如果远月合约和近月合约价格相近，甚至高于近月，可以选择将期货合约移仓至远月合约。③持有期货合约至到期日，提前组织相应头寸的抚顺石化 LLDPE 产品入库至交割仓，注册标准仓单，进行实物交割。

4.3 趋势性套保方案

（1）操作前提：宏观压力较大，内需不足，原油持续下跌，库存去化不好，后续产能投放，整体聚烯烃偏弱，市场存在大概率趋势性下跌风险。

（2）最大头寸：以抚顺石化 LLDPE 产品长期敞口库存的最低值 4000 吨做

为持有期货空头的最大头寸，即 800 手。以抚顺石化 LLDPE 产品长期滚动敞口库存做为参与趋势性套保的头寸，可以保持正常统销销售。

（3）合约选择：选择交易规模较大、到期剩余时间最好超过 90 天的合约。

（4）入场点位：根据实际情况，选择基差偏小位置入场，建议入场点位设置在当华南 LLDPE 基差小于正态分布中心值 +187 时，开始分批卖开建仓。卖开期货点位保持一定梯度，不能过于集中。

（5）出场点位：如果期货走势与预期相同，出现趋势性下跌，在判断市场出现拐点时进行平仓，达到套期保值目标；如果期货合约到期剩余时间不多，判断市场仍大概率趋势性下跌，可选择合适远月合约和点位，将期货头寸移至远月合约，继续进行套期保值；如果期货走势与研判方向相反，上涨并达到预警线，应重新对市场进行判断，调整套保方案，包括并不仅限于移仓至期货点位更高的远月合约上继续进行套保、设置期货止损点位进行平仓或减仓、限定最大亏损金额等。

5 风险管控

5.1 套保效果评估

在套期保值业务中，现货和期货头寸应合并计算盈亏，以评估套保效果，调整套期保值方案。

5.2 设置保证金预警

设置保证金预警值，确保账户内有充足的保证金，防止期货合约出现快速波动的情况导致期货合约强制平仓，造成损失。

5.3 设置合约到期剩余时间预警

（1）选择套保合约时，应选择到期剩余时间较长的合约。不进行实物交割的套保业务，建议在交割月前一月的第十四个交易日之前完成平仓或移仓，规避交易风险。原因是：①大商所提高进入交割月份合约的保证金比例至 20%；②涨跌停幅度由 4% 提高至 6%；③临近交割月，大商所对交易客户有限仓制度约束。因上述三方面原因，进入交割月的合约波动加剧，交易风险提高。

（2）建议设置交割月前一月的第五个交易日做为合约到期剩余时间预警。在基差套保和无风险套保方案中，合约临近交割月，基差未能走强至预期基差时，应及时调整基差报价，加快现货销售和合约平仓节奏，或尽快完成合约移仓换月操作。在趋势性套保中，同样需要关注合约到期剩余时间，及时平仓和移仓换月。

5.4 设置基差风险预警

基差套保方案中，基差在 15 个交易日内未走强至 +100 以上，设置一级预警；在 20 个交易日内未走强至 +100 以上，设置二级预警；在 25 个交易日内未走强至 +100 以上，设置三级预警。触发三级预警时，应尽快完成平仓。基差走强至 +100 以上后，应关注基差走强至 +200 以上所需时间，设置 40 个交易日做为预警。

5.5 设置合约单边最大亏损比例和合约单边最大亏损金额

在趋势性套保方案中，对套保效果评估时，需要将 LLDPE 滚动敞口库存产品的市场评估价与期货合约合并计算，评估套保效果。趋势性套保中，当期货走势与研判方向相反，出现一定幅度上涨时，可以选择在适当时机，将头寸移至远月合约更高点位上继续套保。也可以设置合约单边最大亏损比例和合约单边最大亏损金额，当单边亏损比例或金额达到预定值时，对趋势重新研判，如研判结果为趋势改变，后市将持续上涨，可将期货头寸平仓，暂停抚顺石化 LLDPE 产品长期滚动敞口库存趋势性套保业务。

6 建议

6.1 组织架构三权分立

基本原则是将决策、交易与风险管控分开。

6.2 注册交割品牌

建议将抚顺石化和广东石化 LLDPE 产品注册为大连商品交易所线性低密度聚乙烯免检品牌。

6.3 注册交割仓库

建议广东石化企业仓库申请注册为大连商品交易所 LLDPE 指定厂库。上游生产企业仓库注册为交割厂库已有先例，如：福建中景石化有限公司、东华能源（宁波）新材料有限公司。

附录

附录 1 华南区域 LLDPE 产品 ICS 评估价基差走强所需时间

华南区域 LLDPE 产品 ICS 评估价基差走强所需时间

时间	基差	基差走强至 +100 以上所需时间（天）	基差走强至 +200 以上所需时间（天）
2017 年 1 月 16 日	-92.5	24	32
2017 年 5 月 19 日	-7.5	7	10
2017 年 7 月 20 日	-35	18	20
2017 年 8 月 21 日	-107.5	13	19
2018 年 1 月 2 日	-77.5	61	62
2018 年 7 月 4 日	-7.5	19	45
2018 年 8 月 14 日	-102.5	14	16
2019 年 3 月 13 日	-55	4	14
2019 年 4 月 15 日	-5	19	107
2019 年 6 月 26 日	-7.5	56	76
2019 年 12 月 30 日	-7.5	17	19
2020 年 2 月 11 日	-5	20	30
2020 年 8 月 10 日	-27.5	3	15
2021 年 1 月 5 日	-17.5	4	49
2021 年 2 月 19 日	-122.5	13	21
2022 年 1 月 24 日	-39.5	13	16
2022 年 6 月 9 日	-27	7	11

附录2 华南区域 LLDPE 产品 ICS 评估价基差分布频数及概率

华南区域 LLDPE 产品 ICS 评估价基差分布频数及概率

基差区间	频数	基差概率
(-∞, -555]	0	0
(-555, -493]	0	0
(-493, -431]	0	0
(-431, -369]	0	0
(-369, -308]	0	0
(-308, -246]	3	0.21%
(-246, -184]	8	0.57%
(-184, -122]	18	1.28%
(-122, -60]	45	3.20%
(-60, 2]	119	8.46%
(2, 64]	180	12.80%
(64, 126]	202	14.37%
(126, 187]	178	12.66%
(187, 249]	190	13.51%
(249, 311]	165	11.74%
(311, 373]	107	7.61%
(373, 435]	64	4.55%
(435, 497]	43	3.06%
(497, 559]	30	2.13%
(559, 620]	21	1.49%
(620, 682]	10	0.71%
(682, 744]	8	0.57%
(744, 806]	1	0.07%
(806, 868]	4	0.28%
(868, 930]	4	0.28%
(930, +∞)	6	0.43%

附录3 大连商品交易所LLDPE、PVC、PP华南地区指定交割仓库名录

大连商品交易所LLDPE、PVC、PP华南地区指定交割仓库名录

序号	地区	省市	交割仓库名称	通讯地址	交割品种	协议库容（万吨）	装运站	基准库/非基准库
1	华南地区	广东广州	中国物资储运广州有限公司	广州市黄埔区黄埔东路268号怡港大厦A座905-910室	LLDPE、PP、PVC	3	铁路：广州下元站	LLDPE非基准库 PP非基准库 PVC基准库
2	华南地区	广东省广州	广州市川金路物流有限公司	广东省广州市萝岗区开发大道1330号综合楼101-102房	LLDPE、PP、PVC	3	铁路：广州下元站	LLDPE非基准库 PP非基准库 PVC基准库
3	华南地区	广东广州	金发科技股份有限公司	广州市高新技术产业开发区科学城科丰路33号	LLDPE、PP	2.5	铁路：广州下元站	LLDPE非基准库 PP非基准库
4	华南地区	广东佛山	南储仓储管理集团有限公司	佛山市禅城区佛罗公路166号	LLDPE、PVC	2	铁路：街边站	LLDPE非基准库 PVC基准库
5	华南地区	广东汕头市	广东柏亚供应链股份有限公司	汕头市南澳路283号柏亚日化工业园	LLDPE、PP	2	铁路：汕头北站	LLDPE非基准库 PP非基准库

附录4 LLDPE期货交割相关费用规定

LLDPE期货交割相关费用规定

收费项目	主要作业内容	中储广州	广州川金路	金发科技	广东柏亚
平板汽车入库（元/吨）	由汽车内至库内并码垛的全部费用	20	20	20	20
集装箱汽车入库（元/吨）	由汽车内至库内并码垛的全部费用	20	25	20	20
铁路入库（元/吨）	由火车厢至库内并码垛的全部费用（含铁路代垫费用）	无	30	无	无

续表

收费项目	主要作业内容	中储广州	广州川金路	金发科技	广东柏亚
平板汽车出库（元/吨）	由库内垛位至汽车内的全部费用	20	20	20	20
集装箱汽车出库（元/吨）	由库内垛位至汽车内的全部费用	20	20	20	20
铁路出库（元/吨）	由库内垛位至火车厢的全部费用（含铁路代垫费用）	无	30	无	无
港口运输	仓库至最近港口的运距	黄埔老港5千米	广州新港6千米	黄埔港15千米	国集码头10千米
铁路运输	仓库周边最近的车站	下元站	下元站	下元站	汕头火车北站12千米
	有/无铁路专用线	无	有	无	无

附录 5 大连商品交易所 LLDPE 注册及免检品牌名单

大连商品交易所 LLDPE 注册及免检品牌名单

序号	企业名称	备注
1	中煤陕西榆林能源化工有限公司	免检
2	内蒙古中煤蒙大新能源化工有限公司	免检
3	蒲城清洁能源化工有限责任公司	免检
4	万华化学集团股份有限公司	免检
5	国能包头煤化工有限责任公司	
6	国家能源集团宁夏煤业有限责任公司	
7	上海赛科石油化工有限责任公司	
8	中国石化扬子石油化工有限公司	
9	中国石油化工股份有限公司（镇海炼化分公司）	
10	福建联合石油化工有限公司	
11	中国石油天然气股份有限公司（吉林石化公司）	
12	中国石油天然气股份有限公司（抚顺石化公司）	

续表

序号	企业名称	备注
13	中海壳牌石油化工有限公司	
14	宁夏宝丰能源集团股份有限公司	
15	久泰能源（准格尔）有限公司	
16	沙特基础工业公司 Saudi Basic Industry Corporation	
17	泰国国家石油公司 Petroleum Authority of Thailand	
18	沙特阿拉伯国家石油公司 Saudi Arabian Oil Company	
19	印度信诚工业公司 Reliance Industries Limited	
20	埃克森美孚公司 Exxon Mobil Corporation	

化工销售物流供应链管理现状及优化探索

张颖鑫

摘 要：近年来，化工销售公司面临着市场竞争激烈、供应链管理不足及销售策略多变等问题。为应对日益激烈的市场竞争，从物流供应链的角度出发，加强物流管理、优化供应链管理对化工品销售公司来说至关重要。通过信息化管理、整合物流供应链资源，合理利用物流服务供应商等方式，确保物流供应链的紧密衔接，有助于化工销售公司更好地满足市场需求，提高整体运营效率，提高客户满意度，增强市场竞争力，实现持续稳健的发展。

关键词：化工销售；供应链；物流管理

新时期化工销售市场竞争激烈，在全球化的大背景下，想要更好地占领市场，获得客户的满意，除了改善销售策略，还要在物流供应链管理上下功夫。物流是连接企业与客户的桥梁与纽带，随着化工市场的不断扩张，物流供应链管理的效率和效果直接影响着化工销售公司的竞争力。如何优化物流过程、降低物流成本、提高客户满意度，成为了化工销售公司亟待解决的问题。重视物流供应链管理，剖析化工销售公司物流供应链管理的现状、问题，探讨优化策略，将物流管理的作用充分发挥出来，从而提高化工销售公司自身的经济效益和客户黏度，促进化工销售公司可持续发展。

1 化工销售公司物流供应链管理现状

本文中的化工销售物流供应链管理，是指对化工产品从出厂到客户收货过程中的物流活动进行规划、组织、协调和控制。传统的化工销售物流业务模式受到炼化生产企业库房条件和销售策略的影响，以移库运输为主。化工销售企业根据市场需求和销售资源二次分配结果，确定产品的运输计划，由物流服务供应商通过公路、铁路、陆海联运等方式将产品送入市场库后进行销售，化工产品未直接送达至客户端。随着市场环境和客户需求的不断变化，为了满足市场需求，逐步衍生出海运断卖配送、市场库库发配送、生产企业直发配送等多种物流模式。新增物流模式产品可直接送达至客户手中，优化了物流管理流程，减少了物流环节和物流成本，为客户提供了个性化服务，能够满足客户多样化服务需求。无论物流模式怎样变化和发展，供应链环境下的化工销售物流管理都涉及到销售订单处理、物流服务供应商管理、运输管理、库存管理等多个环节，是一个有机整体。各环节间相互影响、相互制约，任何一个环节的失误都可能影响到整个化工销售物流链条的运行。当前物流供应链管理主要由化工销售物流管理人员采用线上、线下相结合的方式对产品物流信息进行全程监控。物流管理人员在工作中需与销售人员、物流服务供应商、市场库管理人员沟通，掌握各方物流运输需求和运营能力，同时密切关注物流市场运力情况和影响物流效率的客观因素，整合多方信息，对物流业务进行全程管理。

2　化工销售公司物流供应链管理中存在的问题

2.1　物流供应链响应周期较长

当前化工销售物流信息化发展水平仍落后于零售业物流，网络化、智能化程度较低。目前，化工销售公司已经有稳定运行的信息化系统辅助物流管理工作，但各系统串联程度低，在实际工作中仍存在业务断点的问题，部分物流管理工作仍需线下进行。由于化工销售物流供应链链条长、运输环节多、业务串联节点多，各方物流管理人员存在信息不对称、沟通成本较高的问题，销售订单下达后物流供应链条的响应周期较长。

2.2　产品交付期可靠性有待提升

产品交付期的可靠性不仅会对化工销售公司自身经济利益造成影响，还会影响终端客户对品牌的忠诚度。化工销售物流过程容易受到炼化生产企业排产情况、特定时期物流市场运力情况、运输距离和复杂程度、天气情况、地方交通政策等多种因素影响。产品运输周期存在不确定性，易出现阶段性缺货或断货的情况，因此，不能有效保障产品交付期的稳定性，不能及时满足客户需求。现有化工销售物流信息系统无法实时跟踪、共享产品位置信息，客户对已购买的产品物流运输情况缺乏可视性了解，对产品按期交付缺乏信心。

2.3 基于成本控制下的物流供应链竞争力和客户满意度有待提升

对于化工销售公司来说，物流成本主要包括运输成本和仓储成本，物流成本占经营总成本的比例较高。在化工销售市场竞争日益激烈的情况下，压降物流成本越来越受到化工销售公司的关注，成为增强企业竞争力重要的一环。当前化工销售公司通过招标采购、框架协议等方式选定物流服务供应商。在实际业务中，从成本控制角度出发，化工销售公司往往倾向于选择报价较低的运输方式，因此忽略了产品运输质量和物流供应商的服务质量，导致产品在运输过程中发生外包装污染、破损等问题，影响了产品交付质量。虽然降低了物流成本，但从客户满意度角度考虑，选择报价低的运输方式不利于物流供应链竞争力的提升。如何在产品销售利润、物流成本控制、终端客户体验中找到平衡点，是值得化工销售公司思考的问题。

2.4 物流供应链管理人员专业水平有待提升

随着化工销售公司物流供应链规模的扩大、炼化生产企业产品线的丰富、客户个性化需求的增加，化工销售物流供应链变得越来越复杂，管理难度也随之增加。化工销售公司对物流专业线管理人员的系统培训不够重视，管理人员专业技能欠缺，人员缺乏系统学习和提升的机会。物流供应链作为一个环环相扣的有机整体，身处各节点上的物流管理人员工作流程通常较为复杂，沟通接口多、成本高，需要具备沟通协调能力，但部分物流管理人员只关注自身工作环节，缺乏全局意识和合作精神，须在此方面加大培养力度。

3 化工销售公司物流供应链管理优化探索

为解决上述问题，化工销售公司需要加强物流供应链的优化和管理，通过引进信息化技术、优化网络布局、加强协同合作、提质增效等方式来提升物流供应链的竞争力。同时，还需要建立风险预警和应对机制应对可能出现的风险和挑战。

3.1 推进智慧物流系统建设，缩短物流供应链响应周期

信息技术的发展为化工销售物流管理提供了新的机遇。通过搭建智慧物流

系统，提升物流管理效率，实现化工销售物流数字化转型，从而缩短物流供应链响应周期。智慧物流以现有物流管理系统为基础，通过多系统的整合链接，实现与电子销售、ERP、储运智能系统的互联互通，达到信息共享、过程同步、敏捷响应的效果。将物流服务供应商纳入智慧物流系统管理，实现物流指令的线上指派、服务供应商的资质管理、派车自动生成交货单、线上预约、电子签到、发货数据自动回传过账、运费自动计算并线上审核等功能，实现物流过程信息化、无纸化、智能化。将传统物流业务串联模式改为多点并联模式，使数字信息在短时间内有效传达，从而提升协同效率，减少信息不对称带来的风险。降低人工传递票据的时间成本，缩减各节点工作人员的沟通成本，提高了物流管理人员的工作准确率。同时积极探索新的物流模式和技术应用，如共享托盘、无人仓库、智能提货分拣等，提高物流供应链响应效率，降低物流供应链运营成本。

3.2 优化物流供应链网络，提升产品交付可靠性

智慧物流管理系统能实现对产品物流实时监控和优化，实现产品的实时追踪和定位，确保产品能够按时、准确地送达目的地。该系统能与客户共享已售出产品的运输信息，安抚客户的收货等待情绪。对于阶段性生产的化工产品，化工销售人员需提前预判市场需求，协助物流管理人员建立合理的市场库存体系，有利于避免产生阶段性缺货、断货，从而保障客户需求，提升产品交付可靠性。

3.3 研判成本效益因素，提升物流供应链竞争力

从化工销售物流供应链全局出发，全面梳理现有物流网络布局，根据市场需求和产品成本利润分析，动态优化运输路线。选择合适的物流服务供应商和运输方式，优化市场库仓储布局，不断整合优化。降低产品物流成本和运输时间，从而减少不必要的库存积压，提高整体效率及物流供应链竞争力。物流管理人员、财务人员、销售业务人员应相互协作，细化物流成本、产品利润核算和市场需求，为企业高层决策提供数据支持。从物流供应链角度，在压降产品物流成本和提升产品交付质量上寻找平衡点。整合优化化工销售物流供应链资源是一个持续的过程，不能一蹴而就，需要定期评估整合效果，根据市场变化和实际需求不断调整整合策略。

3.4 加强物流供应链协同合作，提升物流服务供应商管理水平

提升物流服务供应商的管理水平，是确保化工销售物流供应链高效稳定运行的关键。建立严格的物流服务供应商选择标准，在招标选商时充分考虑其行业经验、业务实力、服务质量、信誉度等因素，确保选定的物流服务供应商具备较高的管理水平和服务能力。加强物流服务供应商合同管理，确保其按照约定的服务标准和质量要求提供服务。化工销售公司与物流服务供应商建立长期稳定的合作关系，通过协同合作，实现信息共享、风险共担和利益共赢，提高物流供应链的运作效率和响应速度。利用物流服务供应商评价体系，定期对物流服务供应商进行绩效评估，确保物流服务的质量和稳定性，提高产品交货准时率，根据评估结果，对服务供应商进行奖惩，激励其不断提升管理水平和服务质量，从而提升物流服务竞争力和客户满意度。制定物流管理应急预案，以应对突发事件对物流供应链的影响。针对物流供应链中可能出现的风险，制定合理的风险管理策略。

3.5 重视物流供应链管理人才培养，提升管理人员专业水平

化工销售公司应当重视物流管理人员的培养，加强对物流专业线管理人员的系统培训。使其了解最新的专业知识，提升整体工作水平。增加各化工销售公司物流管理人员间横向沟通交流的机会，学习同行业先进物流管理经验，开阔眼界、与时俱进，才能将物流管理的作用充分发挥出来。提高物流管理人员自身竞争力，促进化工销售公司物流管理工作的可持续发展。

4 结论与展望

当前，全球产业体系和产业链供应链呈现多元化布局、区域化合作、绿色化转型、数字化加速的态势。面对化工销售行业日益激烈的竞争形势，优化物流供应链管理，提升自身竞争力是化工销售公司的必经之路。然而，任何管理体系的优化升级都会面临因改革创新而产生的管理阵痛，优化整合过程会遇到各种挑战和困难，化工销售公司、物流管理人员需要保持耐心，积极应对并解决问题，把握物流供应链管理新态势，顺应业务运行逻辑深度变化，才能赢得主动、赢得先机。

参考文献

[1] 唐嘉欣. 我国化工物流的发展现状与趋势 [J]. 化纤与纺织技术, 2022, 51 (8): 56-58.

[2] 刘颖, 闫凤鸣. 关于石油化工销售分公司的物流管理研究 [J]. 财经界, 2019 (20): 58.

[3] 陈璐雯. 化工物流管理整合中的供应链管理 [J]. 化工管理, 2022 (15): 10-13.

[4] 李宪. 化工产品的服务营销与顾客满意度研究 [J]. 商讯, 2021 (4): 144-145.

[5] 陈璐雯. 智慧物流园中化工品质量追溯与质量管理研究 [J]. 现代盐化工, 2023, 50 (5): 118-120.

基于外部对标视角下的中国石油营销物流信息化改革探索

冯铭程　翁义

摘　要：面对中国石油转型升级的挑战，面对"十四五"跨越式发展的历史机遇，营销调运业务的信息化改革已进入深水区，这是突破管理瓶颈的必由之路。在走出去调研中国石化信息系统和运作模式后，找到了管理对标的方向，找到了信息化改革的突破口。本文基于对中国石化信息系统的调研，对其系统运行、业务模式进行深入探究，结合公司系统问题和开发现状，提出一些信息系统开发和优化的合理化建议。随着电子销售系统、物流管理系统的建设及广东石化项目的投产，这些建议也得到初步应用。

关键词：信息化；供应链一体化；优化调整

当下，能源行业在"电动革命""市场革命""数字革命""绿色革命"推动下加速变革。数字化技术融入能源行业，为企业带来机遇，如大数据助企业精准营销，物联网提升运营效率。中国石油在"十四五"面临跨越式发展机遇与挑战，内部管理存在诸多问题。华南公司营销调运业务各系统整合不足，信息孤岛严重，影响决策。推进信息化建设、实现信息协同，成为中国石油突破管理瓶颈、推动高质量发展的必由之路。

1　绪论

1.1　研究背景

1.1.1　中国石油集团公司推行市场营销数字革命

2020年，中国石油集团公司（以下简称集团公司）召开首次市场营销工作会议，戴厚良董事长指出，面对能源行业的电动革命、市场革命、数字革命、绿色革命"四大革命"加速演进的新特征新要求。市场营销部门应完善市场竞争战略和营销策略，善于寻找和把握战略性机遇，善于化危为机、危中求机、于变局中开新局。在行业转型升级大潮中始终把握主动权。数字革命，成为市场营销工作的重点之一，要以战略的眼光看待。

如何实施数字革命，董事长提出了具体要求，"突出数字化平台建设，加快构建电商平台，建设顺畅的物流平台，加强信息化基础建设，推进市场营销数字化转型。"

1.1.2 炼化板块推进市场营销数字化转型

根据集团公司市场营销工作会议精神及董事长提出的要求，炼化板块分析研究形成了《炼油与化工分公司学习贯彻集团公司市场营销工作会议精神工作方案》。工作方案第八项提出了炼化板块数字化转型的实施规划，"突出数字化平台建设，推进市场营销数字化转型。"

1.1.3 华南公司致力数字化转型，带动公司跨越转型高质量发展

华南公司二届三次职代会报告提出了信息系统的发展目标，指出要借鉴同行智能出厂系统建设的成熟经验，推进物流管理系统与现有系统的融合。以数字化、智能化为目标，建立大类产品出厂标准流程，制定标准化工作手册，打造高效贯通，具有示范效应的电子销售和物流管理平台。

1.2 研究目的和意义

结合中国石油华南化工销售公司营销物流信息系统运行现状，对其进行分析和梳理，找出现行信息系统的问题所在。通过调研中国石化化工销售华南公司的信息系统建设情况，与中国石化进行外部对标，找出自身业务中信息化水平的差距，提升华南公司营销物流一体化管理水平。通过完善公司信息化系统建设，推进公司业务流程优化，促进公司经营管理提质增效。

2 信息系统运行现状及问题分析

2.1 营销物流系统运行现状

中国石油化工销售六大区公司的信息系统由炼化板块统建。目前，围绕华南公司营销调运业务的信息系统主要有ERP系统、CRM系统、财务FMIS系统及新投入使用的电子销售系统和物流管理系统。

ERP系统贯穿华南公司主营业务全流程，涵盖客户管理、产品销售、产品调运、仓储管理等，全面管控公司信息流、资金流、商品流。

CRM系统中最核心的是客户入围功能，CRM系统通过接入MDM系统，将入围客户的主数据导入到ERP系统。

财务FMIS系统负责财务记账核算，同时负责销售环节客户资金授信的查验。

电子销售系统将原ERP系统中的销售订单开具功能迁移过来，负责客户下单。

物流管理系统将ERP系统中的客户资质维护、运输计划下达功能迁移过来，负责物流业务的开展。

当前华南公司营销调运业务的信息化建设主要以ERP系统运行为主。

2.2 信息系统问题分析

ERP系统由德国SAP公司开发，最大优点是实现了供应链全流程管理，是集信息流、资金流、物流于一体的数据库系统。能管控到生产、销售、物流、仓储等许多方面。但ERP系统不是万能系统，实际业务中ERP系统存在短板。

（1）ERP系统操作代码化。ERP系统的操作界面不能做到视窗化，人机交互不友好。

（2）ERP系统未实现产销协同一体化。化销大区公司和生产企业未打通一体化流程，上下游ERP流程和数据不连通，增加了协调成本。

（3）ERP系统不对外开放。集团公司十分注重ERP系统的数据安全性和保密性，系统仅供内部人员使用，导致ERP系统全流程操作只能依靠内部人员，降低了管理效能。

（4）ERP系统难实现专项控制。现代营销物流管理对业务控制和业务分析提出了更高的要求。如在销售环节需要与时俱进地推出客户折让的操作方式。对于这种灵活的业务控制，ERP系统不能做到面面俱到。

3 中国石化信息系统调研情况

为寻找营销物流信息化改革的突破口，钦州调运分公司实施"走出去"战略。走访中国石化化销华南公司湛江驻厂办以及中国石化化销华南公司茂名代表处（兼茂名驻厂办）两个单位，深入进行业务调研。

3.1 中国石化调研概况

3.1.1 中国石化化销华南公司湛江驻厂办

湛江驻厂办为正科级单位，定员6人，主要负责中科炼化年产260万吨化工产品的调运安排、产销衔接及安全管理工作。

3.1.2 中国石化化销华南公司茂名代表处（茂名驻厂办）

茂名代表处（兼茂名驻厂办）为正处级单位，定员32人，主要负责茂名石化年产450万吨化工产品的物流调运和产销衔接，负责部分茂名石化及中科炼化合计200多万吨化工产品的销售。

3.2 中国石化营销物流系统建设情况

支持中国石化化工营销的物流运作有ERP系统、CRM系统、石化e贸系统、物联网系统、生产企业智能营销物流系统五大系统。ERP系统作为核心系统贯穿化工销售物流全流程，CRM系统、石化e贸系统、物联网系统、生产企业智能营销物流系统等分别负责销售、调运与提货，围绕ERP系统紧密集成。

3.2.1 ERP系统

中国石化ERP系统由德国SAP公司建造，是整个营销物流系统的核心，仅开放给内部员工使用。ERP系统作为底层的数据库，是连接其余4个系统的纽带，中国石化多年前已实现ERP产销协同一体化。中国石化ERP系统与其余4个系统依靠客户主数据、销售订单、物流订单、产品交货单等关键数据进行关联。

3.2.2 CRM系统

中国石化实行客户计划销售管理，CRM系统主要负责管理客户的购销合同、年度销售计划、月度销售计划、客户主数据、物流计划管理等内容。CRM系统操作权限开放给中国石化客户经理及入围客户。

3.2.3 中国石化e贸系统

中国石化e贸分为卖家中心和买家中心，卖家中心的操作人员为中国石化的客户经理，买家中心的操作人员为入围客户。

卖家中心为内网客户端，中国石化客户经理主要负责产品上架维护、竞价管理、客户管理、配送管理等内容。

买家中心为外网客户端，入围的合约客户可根据月度计划进行采购，采购完成后会生成中国石化 e 贸订单。该订单会同步到 ERP 系统，生成 ERP 系统的销售订单。

3.2.4 物联网系统

物联网系统功能十分强大，集成了物流计划管理、订单管理、运输管理、运输运行管理、仓储管理、物流运输费用与结算、物流安全管理等多种功能。

（1）物流计划管理。通过同步 CRM 系统的客户物流计划，整合其数据，物联网系统形成化销物流部的大物流计划。

（2）订单管理。客户在石化 e 贸下达直发配送订单或中国石化大区公司物流部在物联网下达物流调拨订单后，订单会同步到 ERP 系统，物联网按订单类型进行抓取，并按装运点分配至驻厂办物流经理，物流经理按上述订单创建运输委托订单。

（3）运输管理。运输委托订单生成后，承运商凭订单号，到生产企业智能营销物流系统进行装车预约和提货。生产企业智能营销物流系统的提货信息会同步至物联网系统。

（4）物流运行管理。物联网资源库里的车船都开通了 GPS 动态跟踪，对于实施配送和移库业务的运输工具可进行动态跟踪。

（5）仓储管理。对于移库业务，仓储商可以在物联网系统进行收货入库操作。

（6）物流费用与结算。承运商根据已执行完毕的运输委托订单开具发票，中国石化物流经理在物联网系统上进行发票审核。审核后 ERP 系统会同步生成运费采购订单，进行运费结算。

（7）物流安全管理。物联网系统实现了对承运商和车船人员的管理，该功能开放给第三方检测机构、物流经理、承运商人员进行操作。

3.2.5 生产企业智能营销物流系统

中国石化各炼油厂都开发了生产企业智能营销物流系统。生产企业智能营销物流系统操作权限开放给炼油厂、化销驻厂办、客户、承运商。

生产企业智能营销物流系统是立足于中国石化炼油厂营销物流业务而开发的系统，主要有订单管理、预约管理、发货管理、资质管理、计量管理等功能。

3.3 中国石化营销物流运作流程

上述五个系统如何进行系统间的运行衔接，如何形成中国石化管理流程，如何支持中国石化业务开展，是研究的重点内容。

3.3.1 企业库发客户自提与配送模式

企业库发客户自提与配送模式，如图 1 所示。

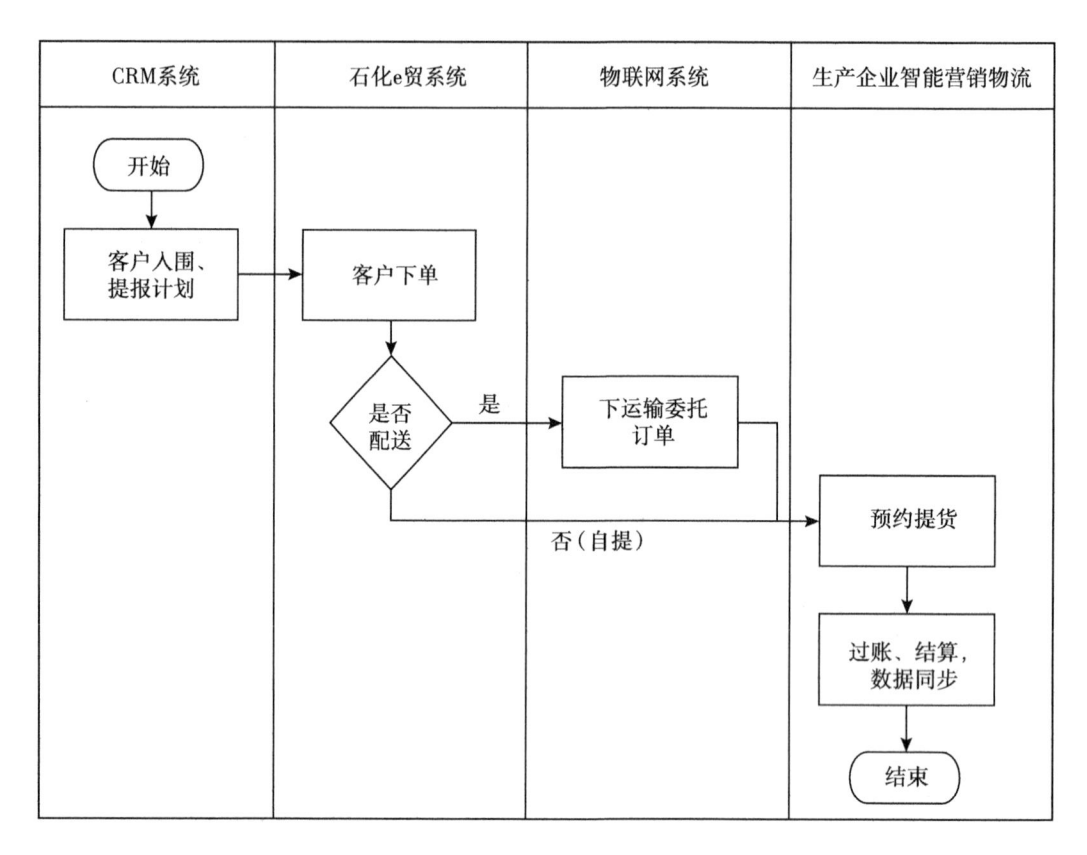

图 1 企业库发客户自提与配送模式

（1）CRM 客户入围、提报计划。中国石化化工销售执行计划销售，客户入围后，客户经理在 CRM 维护客户主数据并同步至 ERP 系统，CRM 数据可以同步至石化 e 贸系统。

（2）石化 e 贸客户下单。客户通过石化 e 贸系统进行采购下单（产品为企业库资源），石化 e 贸中订单随即同步至 ERP 系统，生成 ERP 销售订单。

（3）订单抓取管理。若为自提订单，生产企业智能营销物流系统直接抓取。若为配送订单，物联网系统和生产企业智能营销物流系统同时抓取，驻厂办物流经理在物联网系统上创建运输委托订单。

（4）生产企业智能营销物流系统预约提货。自提客户和配送承运商通过生产企业智能营销物流系统客户端（微信小程序"提货易"）创建提货计划，提货计划将同步至 ERP 系统并生成 ERP 产品交货单。同时 ERP 产品交货单信息将同步至物联网系统和石化 e 贸系统。

（5）生产企业智能营销物流系统过账、结算。生产企业出库人员根据实装情况，在生产企业智能营销物流系统回填发运信息并结算，同时打印结算单。

3.3.2 企业库发大区公司区内移库模式

企业库发大区公司区内移库模式，如图 2 所示。

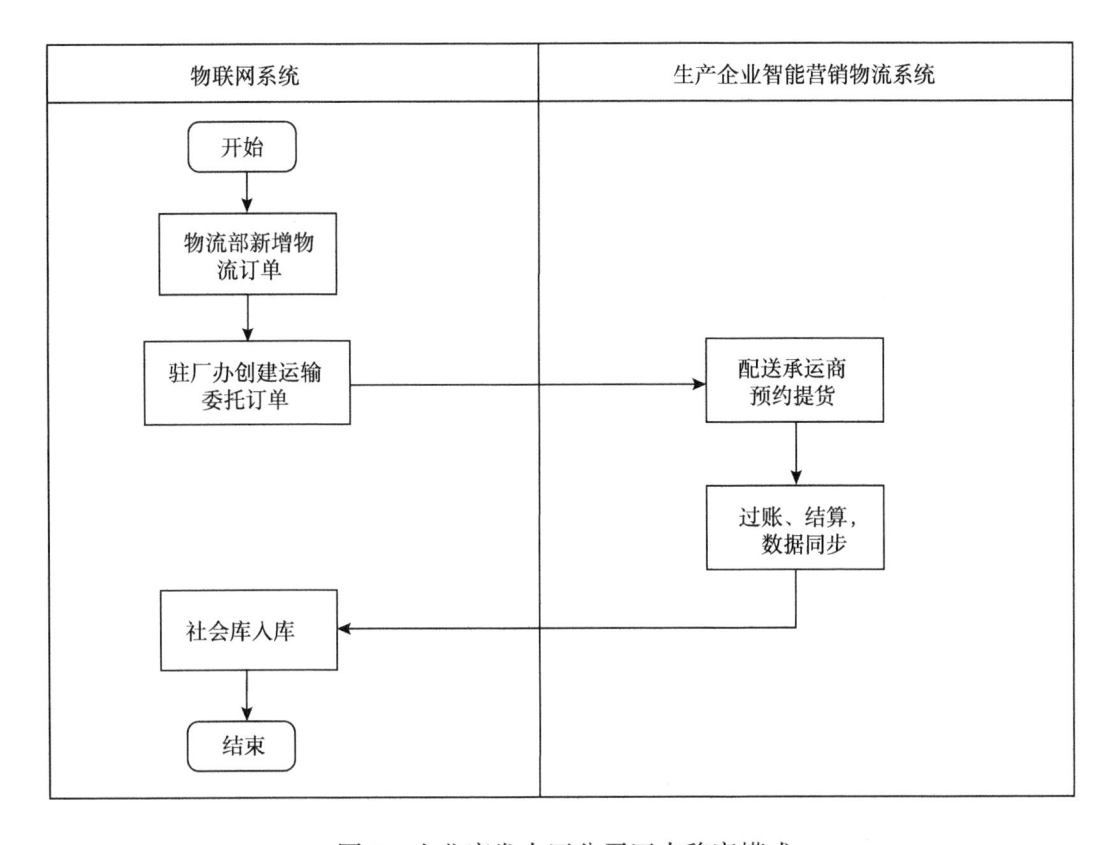

图 2 企业库发大区公司区内移库模式

（1）物联网系统下物流订单。大区公司物流部经理在物联网系统上创建物流订单，物流订单将同步至 ERP 系统生成物流调拨单。

（2）物联网系统创建运输委托订单。物联网系统抓取物流调拨单，驻厂办物流经理在物联网系统上创建运输委托订单。

（3）生产企业智能营销物流系统预约提货，与企业库发客户配送一致。

（4）生产企业智能营销物流系统过账、结算，与企业库发客户配送一致。

（5）物联网系统入库。产品送达后，社会库在物联网系统进行审核入库操作。物联网入库后，同步在 ERP 系统进行交货单收货操作。

3.3.3　社会库发客户自提与配送模式

企业库发客户自提与配送模式如图 3 所示。

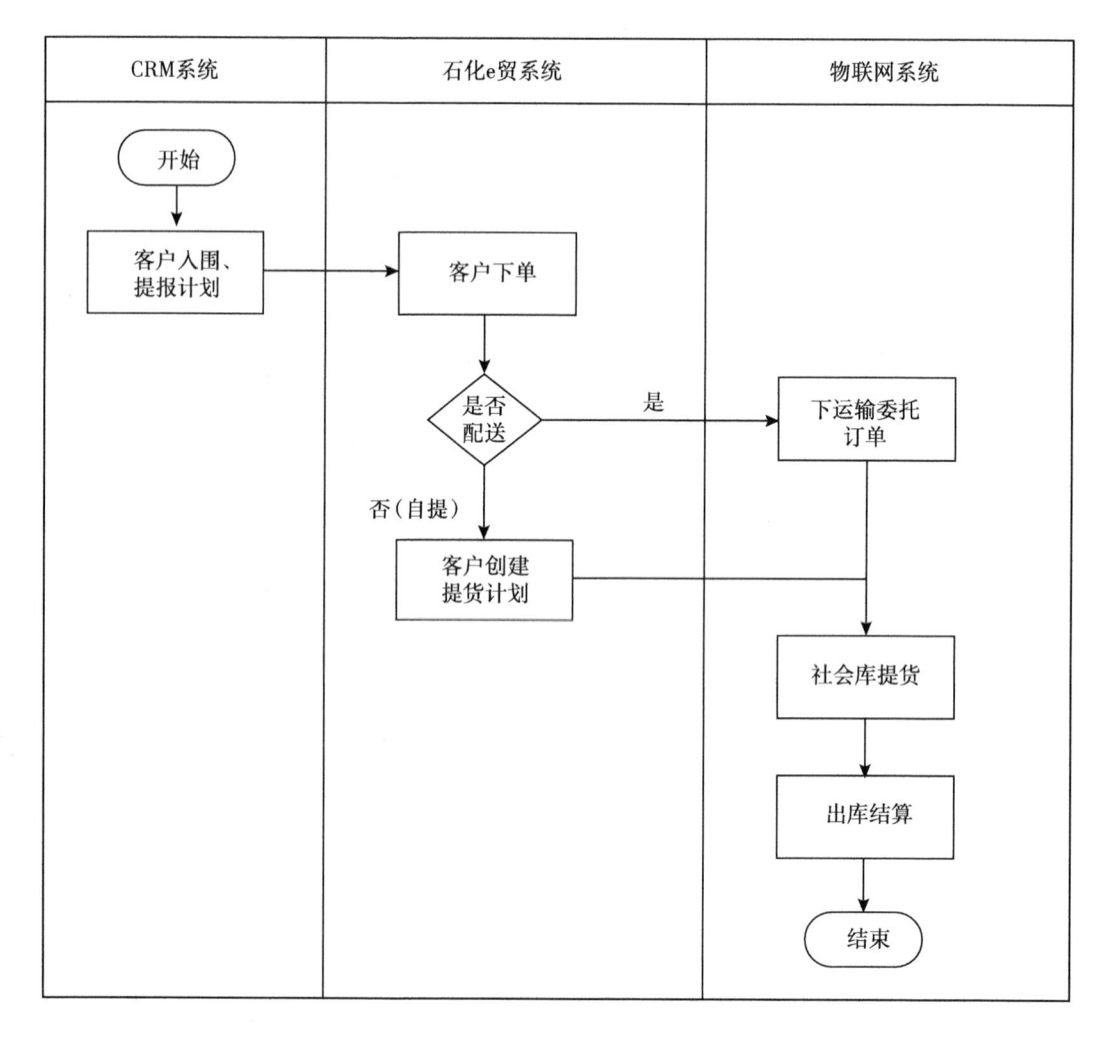

图 3　企业库发客户自提与配送模式

（1）CRM 客户入围、提报计划。

（2）石化 e 贸客户下单。产品为社会库资源，其余。

（3）订单抓取。若为社会库发自提订单，石化 e 贸系统直接抓取。若为社会库发配送订单，物联网系统抓取订单，大区公司物流部负责在物联网系统上创建运输委托订单。

（4）社会库提货。中国石化社会库（协议仓库）可在物联网系统上设置提货预约，社会库发订单所生产的提货计划最终都会被物联网系统相应抓取。

（5）出库结算。完成出库后，库房管理员录入物联网系统，打印出库凭证，数据同步至 ERP 系统对产品交货单进行过账。

3.4 中国石化营销物流系统分析总结

对比中国石油 ERP 系统，中国石化利用多系统集成，为化工销售中的供应链管理提供了更好的信息支撑。

3.4.1 中国石化营销物流系统的优点

（1）中国石化系统集成化程度比较高。中国石化对供应链管理及信息系统集成的理解程度比较深刻。充分利用 ERP 系统的供应链扩展性和集成性，弥补 ERP 系统在销售操作界面不友好，物流信息管控不全面的不足。

（2）中国石化系统具备良好的开放性与安全性。中国石化信息系统解决了数据安全性与开放性的兼容问题。安全性方面，中国石化的底层数据库是 ERP 系统，该系统只开放给专用网络的内部用户。开放性方面，中国石化其他四套系统按照实际需要，开放给客户、承运商、仓储商、第三方检测机构等外部用户进行使用。

（3）中国石化各系统的管理边界比较清晰。各个系统定位清晰，ERP 提供信息流和资金流管理，CRM 注重客户关系管理，石化 e 贸注重营销业务管理，物联网注重物流仓储管理，企业智能营销物流系统注重炼油厂提货管理。

（4）移动端办公提升了客户操作的便利性。中国石化在推进信息化的过程中，注重移动端平台的构建，客户在石化 e 贸的下单流程接近淘宝网下单的操作。

3.4.2 中国石化营销物流系统的不足

（1）CRM 系统和石化 e 贸系统可以进行整合。石化 e 贸应该将 CRM 系统的客户管理功能进行全部集成，使得整体的系统架构更加简洁。

（2）生产企业智能营销物流系统不统一。不同的炼油厂开发上线不同的智能营销物流系统，客户在不同炼油厂提货时需要登录不同的"提货易"小程序，容易造成操作失误和业务混乱。

4 华南公司营销物流系统优化建议

研究中国石化的营销物流系统为公司系统建设物流系统提供了新思路。不再局限于通过 ERP 系统升级实现管理提升，而是转向研究 ERP 系统以外的电子办公系统来实现化工销售和化工物流功能的集成，并推动供应链流程再造。

近年来，中国石油大力推进信息系统建设和改革。正在开发上线中国石油的 CRM 系统、电子销售系统、物流信息系统及炼化企业的装车物流系统。从系统集成上日在逐步构建与中国石化类似的系统架构（表1）。

表1 信息系统对标情况

对标情况	中国石油	中国石化
1	ERP2.0 系统	ERP 系统
2	CRM 系统	CRM 系统
3	电子销售系统	石化 e 贸系统
4	物流信息系统	物联网系统
5	企业装车物流系统	企业智能营销物流系统

针对当前的信息系统运行和开发现状，结合中国石化信息系统调研情况，对以上五个信息系统分别提出优化建议。

4.1 ERP 系统的优化建议

（1）实现 ERP 系统开放、集成。参照中国石化 ERP 系统定位，把 ERP 系统作为最底层数据库，将 ERP 系统开放给其余系统，实现各系统互联集成。

（2）实现 ERP 系统产销协同。目前炼厂与化销单位之间、化销大区之间尚未达到 ERP 系统的信息协同。作为底层数据系统，ERP 系统必须要实现产销协同才能实现全流程贯通。

（3）统一买断结算方式。参照中国石化 ERP 运行逻辑，建议统一固、液体的买断分割方式，将固体产品调整为出库买断方式结算，简化系统运作流程。

（4）完善 ERP 销售订单和产品交货单。销售订单与产品交货单是进行外接集成的关键数据，需要根据其余系统的接入需求，进一步完善销售订单和产品交货单的内含字段。

（5）简化 ERP 控制手段。建议取消大部分 ERP 系统上的审批和控制策略，改为其他系统控制。ERP 系统聚数据流运作和系统集成功能，集成包括 FMIS 系统在内的等多个系统。

4.2 CRM 系统的优化建议

（1）实现 CRM 系统与 ERP 系统以及电子销售系统的连接集成。

（2）CRM 系统目前只有客户入围、计划管理等功能。功能较为简单的情况，建议对 CRM 系统进行功能迁移，统一并入到电子销售系统中。

4.3 电子销售系统的优化建议

（1）实现与 ERP 系统、CRM 系统、物流信息系统以及企业智能营销物流系统的接口集成。

（2）目前中国石化的石化 e 贸系统已经较为完善。建议参照中国石化石化 e 贸的系统功能，区分卖家中心和买家中心两个客户端，实现多端口管理。

（3）参照淘宝、京东等平台的互联网销售模式，开发与之配套的手机 APP，为客户移动办公创造便利。

（4）借鉴中国石化当前系统的优化方向，进一步增强电子销售系统的功能集成。在卖家中心客户端集成 CRM 客户入围以及 CRM 客户计划审核功能。在买家中心客户端集成 CRM 客户计划提报以及企业智能营销物流系统客户提货功能。

4.4 物流信息系统的优化建议

（1）目前中国石化的物联网系统功能强大，建议参照中国石化系统实现物流信息系统与 ERP 系统以及其余系统的全面集成，实现各化销大区之间的数据融通以及跨大区之间的物流调运数据连通。

（2）按订单类型抓取，将管理界面划分清楚。物流信息系统只负责配送和移库业务，系统抓取 ERP 配送销售订单以及移库物流订单进行处理。

（3）运费结算管理建议参照中国石化物联网系统的设计思路，按照运输委托订单进行结算，简化结算流程。

（4）仓储管理功能集成，协议仓库需登陆物流信息系统进行收发货操作。

4.5 建设高标准的炼化企业智能营销物流系统

目前，广西石化上线了一卡通系统，计划通过物流信息系统接口，实现与化工销售 ERP 的连接。但广西石化一卡通系统是主要基于成品油销售业务开发建设的，在化工调运的功能实现上仍有不足：(1) 未实现与 ERP 直接集成，数据交互方面存在不稳定、不确定性；(2) 开放性不足，未实现对客户及承运商的开放，无法简化工作，人员解放；(3) 利用中国石化业已淘汰的 IC 卡技术，而中国石化已实行在开票机打印二维码提货单，流程更加精简；(4) 广西石化一卡通系统目前仅限液体产品公路运输，未考虑固体产品及铁路、海运、管输等运输方式；(5) 系统未设置提货预约，承运商提货计划性不强。

广西石化一卡通系统与钦州调运分公司调运业务密切相关，直接关系着分公司能否解放生产力、精减人员。借鉴中国石化系统优化方向，中国石油炼化企业必须要建成一套统一的、高标准的智能营销物流系统。炼化企业智能营销物流系统的外部客户提货业务可进一步集成到电子销售系统，减少客户多窗口操作的麻烦。

5 预期实施效果

未来上线的营销物流信息系统，经过不断优化。信息化的改革会带来业务流程的再造，供应链的一体化程度逐步提升，公司管理水平将迎来质的飞跃。

（1）员工劳动生产率大幅提升。参照中国石化化销华南公司茂名代表处（茂名驻厂办）的岗位安排，驻厂办 6 人负责茂名石化 450 万吨化工产品的调运安排和产销衔接，代表处 20 人负责 200 多万吨化工产品销售，折合人均年销售 10 万吨。供应链一体化、信息化程度低是目前发展最大的绊脚石。信息化改革成功后，员工生产率将有大幅度的提升，业务管理水平也将更上一个台阶。

（2）业务流程重塑，安全界面更加清晰。信息化的改革将带来流程的重塑。化工销售供应链的全流程作业将会重新分配，客户、承运商、仓储商等外部合作方可以将线下工作移至线上。在未增加工作量的前提下，提升了各方的信息化和规范化水平。并且由于流程作业的重新分配，系统内部的操作将大幅度减少，各方的权责义务将一一对应，避免了很多重复性管理。流程的优化，让安全界面划分更加清晰：一是化销公司不再负责开具交货单操作，派车风险和开单风险将重新归属于客户；二是化销公司不再负责装车资质的录入和审核，车辆检查的责任和风险将重新归属于炼油厂，强化了炼油厂的属地管理责任。

化工营销新模式探索与实践
——以广东石化与吉化揭阳项目为例

张 晗 刘晋豪

摘 要：随着中国经济转型升级，企业向着专业化管理、市场化运行、一体化运行的方向高速发展，探索新的营销模式是国有企业发展的关键。本文通过试点探索"周均价+全配送"、竞价销售和合约公式定价等新型营销模式，旨在提高化工产品的产销衔接和资源统筹能力，实现降本、提质、增效的目标。本文结合广东石化与吉化揭阳项目的实际案例，分析了这些新模式在管理效益、经济效益和社会效益方面的显著提升，并提出了未来化工营销模式的发展方向。

关键词："周均价+全配送"；竞价销售；合约公式定价

在全球经济格局深刻变革、中国经济转型升级的背景下，化工行业作为国民经济的重要支柱产业，正面临着前所未有的机遇与挑战。随着市场竞争的加剧、环保政策的趋严以及技术创新的加速，传统的营销模式已难以满足企业高质量发展的需求。如何在复杂多变的市场环境中探索新的营销路径，提升企业的市场竞争力和可持续发展能力，成为当前化工企业亟需解决的关键问题。

1 前言

1.1 国内外宏观环境

1.1.1 国内宏观环境

（1）国内经济转型升级。国内正在从以制造业为主导的经济，向服务业、高科技和创新驱动型的经济模式转型。（2）近年来，环境污染的治理力度加大，环保政策出台。环保政策的出台将对化工产品销售产生影响。（3）供给侧结构性改革。当前我国正在进行供给侧结构性改革，推动产业升级和优化。这将有助于提高化工产品的质量和降低成本。(4)市场政策变革。当前我国正在推进市场化改革，打破垄断，鼓励企业竞争，为化工产品销售创造了更加公平、开放的市场环境。(5)技术创新。中国政府鼓励技术创新，推动化工企业的技术升级和产品创新，提高化工产品销售的竞争力。

1.1.2 国际宏观环境

国际环境复杂多变，外部环境不稳定、不确定、难预料成为常态，世界经济可能面临滞胀局面。国际权威组织频繁下调2023年世界经济增长预期，美联储激进加息，全球资产价格大幅调整，大宗商品价格高位波动，目前国际环境如下。(1)市场竞争。随着全球化的加速，化工产品销售市场的竞争越来越激烈。国内企业需要加强品牌建设，提高产品质量，拓展市场份额，以应对国际市场竞争。(2)贸易保护主义。部分国家采取贸易保护主义政策，对外贸易形势不稳定，对化工产品出口产生影响。全球贸易政策的不确定性给化工产品销售带来了风险。特别是在中美贸易摩擦的背景下，化工企业的出口面临着一系列挑战。(3)新兴市场增长。新兴市场的经济增长速度较快，对化工产品的需求也在逐步增加，这为化工企业提供了新的机会。(4)原材料供应。化工产品销售的原材料高端产品依赖进口，国际市场的原材料价格波动对国内企业产生了一定的影响。同时，国外供应商的供应稳定性也会给化工企业的生产带来一定风险。(5)技术创新。国际化工企业技术创新不断推进，新产品、新技术不断涌现，对国内企业的市场竞争力提出了更高的要求。

当前环境下，化工产品的销售受到多种因素的影响。因此，国有企业需要不断探索新的营销模式，加强市场分析和预测。根据市场需求和趋势进行产品创新和优化，以适应快速变化的市场环境。同时，国有企业应加强产业链合作和一体化运营，提高综合竞争力，实现可持续发展。

1.2 行业环境

作为中国经济的重要支柱产业之一，化工行业的销售领域面临着多方面的挑战和机遇。

1.2.1 市场竞争加剧

市场竞争日益激烈，化工企业需要在产品质量，技术创新，品牌影响力等方面提高竞争力。同时需要加强品牌建设，提高产品质量，开发高附加值产品等方面的投入，以保持竞争优势。

1.2.2 供求矛盾突出

随着中国经济结构转型，化工产品市场面临着供求矛盾的压力。特别是一些低端产品供过于求，高端产品供不应求的局面尤为突出。

1.2.3 技术创新推进

随着技术的不断进步，新的化工技术和化工产品不断涌现，化工企业应加强技术创新，提高产品质量和市场竞争力。

1.2.4 环保标准提高

政府对环保的要求越来越高，化工行业面临着严格的环保标准和监管，需要采取更加环保、安全的生产方式，提高企业的环保意识和责任感。

1.2.5 电商销售模式崛起

随着电子商务的兴起，化工产品的销售也开始向电商销售模式转移。化工企业需要积极跟进，并加强在线营销，品牌宣传等方面的建设。

1.2.6 产业升级

政府出台了一系列政策鼓励行业升级。化工企业需要加大技术创新，提升产品质量，开发高附加值产品等方面的投入，以适应市场需求的变化。

1.3 企业现状

广东石化、吉化揭阳项目投产后，公司将跃升成为资源大户，销量倍速增长，年化工商品量预计达到 660 万吨。公司体量从 300 万吨向千万吨级跃进的过程中对渠道管理和营销能力提出了全新的要求。近年来，在化工产品产能持续快速扩张期，资源暴增，高通胀的背景下，消费疲软，需求减少。并且，在美联储加息持续，货币政策收紧，大宗商品价格承压的环境下，下游终端制品企业订单跟进缓慢，供需矛盾成为现阶段发展的主要问题。

2 实施背景

2.1 存在问题

新兴企业持续涌入供应的行列之中，抢占市场。成本面支撑的减弱，消费地区的供需格局明显发生改变，是一个产业链发展的必经之路。在如此巨大的产能增量下进入了产业阵痛期，对于传统的消费大区而言，内卷不可避免，寻找出路成为首要目标。

2.2 痛点及难点

（1）配套设施数字化、智能化发展缓慢。

电销平台、物流系统、ERP 系统、发运系统融合衔接仍待完善，需要借鉴同行智能出厂系统建设的成熟经验，推进物流管理系统与现有系统的融合。以数字化、智能化为目标，建立大类产品出厂标准流程，制定标准化工作手册，打造出高效贯通具有示范效应的电子销售和物流管理平台。

（2）区域经济发展受限，专用性差。

广西地区受当地经济条件影响，合成树脂市场呈现小型、低端且分散的特点。工业主要集中在以柳州为中心的地区，主要有南宁、桂林、梧州、玉林等地。区域内企业在用料方面灵活性大，原料相互替代能力强，优先考虑低价资源。区域市场销量基本是由价格是否有优势所决定的，专用性不强，客户黏性及稳定性受市场价格波动影响。

（3）资源暴增，地方炼油厂定价灵活。

聚丙烯方面，2020 年新增产能为 400 万吨，是近年来新增产能最高一年。2021 年新增产能为 303 万吨，2022 年新增产能为 280 万吨。截至 2023 年 5 月中国聚丙烯总产能在 3487 万吨，预计新增生产企业为 21 家，总产能达 1100 多万吨。产能释放集中在华南地区，该区域供应压力增加。中国聚丙烯行业供大于需现状日渐突出，部分生产企业向高端聚丙烯材料发展，中国聚丙烯行业逐渐形成多元化，多方竞争局面。

聚乙烯方面，2020 年以来 PE 产品一直处于产能持续快速扩张期，大炼化及轻烃装置集中上马。整体的大环境下，聚乙烯产品供应端的整体增量仍旧对产品价格形成一定打压。截至 2023 年 5 月，国内聚乙烯新增产能 220 万吨，国内 PE 总产能达到 3061 万吨。预计随着下半年宁夏宝丰三期、中煤榆林煤炭深加工基地项目等合计 75 万吨 / 年的装置落实投产后，2023 年预计国内 PE 总产能达到 3136 万吨 / 年。2023 年随着新装置的投产，主要集中在华南、西北、华北地区。华南地区预计由 2022 年 PE 产能占比的 14% 增至 18%，在如此体量的新增装置投产下，供应面的激增直接导致了区内产品供应充足。产品同质化较为明显，并且因为新产品初期多以低价投放市场，区内企业竞价严重。

煤化工、地方炼油厂（广西鸿谊等）因其低廉的价格以及不错的产品质量，灵活定价的销售模式，抢占了不少市场份额。

2.3 重要性及迫切性

探索新的营销模式对国有企业的发展具有重要性和迫切性。国有企业应该加强市场调研，积极探索新的营销模式，不断提高企业的市场竞争力和创新能力，实现企业的可持续发展。

（1）重要性：探索新的营销模式对国有企业发展的重要性体现在以下几个方面。

①市场需求变化。随着市场需求的变化，传统的营销模式已经无法满足市场的需求，因此探索新的营销模式能够更好地适应市场需求。

②竞争优势。探索新的营销模式能够提高企业的市场竞争力，保持竞争优势，推动企业快速发展。

③创新能力。探索新的营销模式能够提高企业的创新能力，不断推陈出新，实现企业的可持续发展。

（2）迫切性：探索新的营销模式的迫切性体现在以下几个方面。

①市场竞争。市场竞争日益激烈，如果企业无法及时探索新的营销模式，将难以在市场上立足。

②技术创新。随着技术的不断进步，新的营销模式也在不断涌现，如果企业无法及时掌握这些新的营销模式，将难以跟上技术的发展步伐。

③转型升级。国有企业正在进行转型升级，需要探索新的营销模式来适应新的市场环境，促进企业的转型升级。

2.4 建设方向及目标

（1）建设完善的市场调研机制。

在应用"周均价+全配送"、竞价销售、合约公式定价等营销运作新模式时，我们需要建立完善的市场调研机制，了解市场需求和供求情况，制定准确的定价策略。具体工作目标包括：

①建立完善的市场调研机制。收集和分析市场信息，了解产品需求和市场

价格走势；

②制定准确的定价策略。结合市场需求和供求情况，确定周均价、竞价和合约公式等定价方式；

③建立动态调价机制。根据市场变化及时调整产品价格，确保定价的准确性和对市场的适应性。

（2）加强供应链管理，优化资源配置。

在应用"周均价＋全配送"、竞价销售、合约公式定价等营销运作新模式时，我们需要加强供应链管理，优化资源配置，实现产销衔接和资源统筹。具体工作目标包括：

①建立完善的供应链管理机制，优化物流配送和库存管理，利用电子销售平台实现下单、改单、物流信息、质检单查询等功能优化；

②优化资源配置，合理规划产能和销售计划，提高生产效率和资源利用率；

③加强与供应商和客户的合作，实现共赢，推动产销衔接和资源统筹。

（3）提高产品品质，增强竞争力。

在应用"周均价＋全配送"、竞价销售、合约公式定价等营销运作新模式时，我们需要提高产品品质，增强竞争力，从而提高客户满意度。具体工作目标包括：

①加强线上线下、虚拟实体的有机结合，推动数字化、智能化发展。加强产品研发和技术创新，提高产品品质和技术含量；

②建立完善的产品质量管理体系，保证产品质量符合标准和客户要求；

③提高客户服务水平，加强售后服务，提高客户满意度和忠诚度。

④研判市场。

综上所述，通过建设完善的市场调研机制，加强供应链管理和优化资源配置，提高产品品质和增强竞争力等措施，可以有效落实营销方针。提高产品的产销衔接和资源统筹，降本、提质、增效，实现企业的可持续发展。

3 主要措施及做法

3.1 框架及构想

"周均价＋全配送"、竞价销售和合约公式定价是三种适用于化工行业的营销运作新模式。它们可以提高对化工产品的产销衔接和资源统筹，实现降本、提质、增效的目标。企业应根据市场需求和供求情况选择适合自己的营销模式，同时注重市场营销和客户服务方面的提升，实现企业的可持续发展。

（1）"周均价＋全配送"。

"周均价＋全配送"是一种针对化工产品的定价和配送模式，通过制定周均价来稳定市场价格，同时采用全配送的方式，保证化工产品及时到达客户手中。这种模式的优点在于可以降低运输成本，提升客户满意度。建议企业在运用"周均价＋全配送"模式时，根据市场需求和供求情况进行定价，同时建立完善的物流管理系统，保证化工产品及时配送到客户手中。

（2）竞价销售。

竞价销售是一种以竞价方式进行销售的模式，这种模式可以提高市场竞争力，以小窥大，试探市场的同时做到引领市场。建议企业在运用竞价销售模式时，根据市场情况和竞争对手进行定价，并注重市场营销和客户服务方面的提升，提升客户的购买体验，同时提高客户忠诚度。

（3）合约公式定价。

合约公式定价是一种根据市场供求情况和成本变化等因素来确定合约价格的模式，这种模式可以使企业的价格更加稳定和公正。建议企业在运用合约公式定价模式时，根据市场情况和供求变化及时调整公式，同时建立完善的成本管理系统，保证价格的公正和合理。

3.2 针对性措施

（1）"周均价＋全配送"。

作为新型销售模式，"周均价＋全配送"通过建立完善的市场调研机制，根据市场情况制定合理的周均价。同时通过优化物流管理系统，确保化工产品及时配送到客户手中，提高了产品的市场竞争力。该模式的优势在于，能够有效降低物流成本，提高物流效率，同时也能够提高客户的满意度，促进企业的可持续发展。针对"周均价＋全配送"模式，企业需要采取以下措施：

①建立完善的市场调研机制。及时了解市场需求和供求情况，根据市场情况制定合理的周均价。

②优化物流管理系统。包括电销平台、ERP系统、发运系统与物流系统融

合的推进工作，通过优化配送路线、配送地址区域细分等方式降低物流成本，提高物流效率。

③加强客户服务和沟通。及时解决客户反馈的问题，提升客户满意度。

（2）竞价销售。

作为新型的销售模式，竞价销售通过市场竞价的方式，制定贴近市场的价格。这种方式充分了解竞争对手的定价情况，同时根据市场情况和客户需求制定合理的竞价方案，提高了产品品质和服务水平，增强了竞争力，从而促进企业的可持续发展。针对竞价销售模式，企业需要采取以下措施：

①了解竞争对手的定价情况。根据市场情况和客户需求制定合理的竞价方案。

②提高产品品质和服务水平。可以通过优化产品配方，加强质量检测等方式提高产品品质。通过提供个性化服务，增加增值服务等方式提高服务水平。

③加强市场营销和推广。可以通过开展市场推广活动、参加行业展览会等方式提高产品知名度和影响力。

（3）合约公式定价。

作为一种以成本为基础的新型销售模式，合约公式定价能够根据市场情况和成本变化情况及时调整定价。该模式的优势在于能够有效控制成本，提升产品竞争力，促进企业的可持续发展。针对合约公式定价模式，企业需要采取以下措施：

①建立完善的成本管理系统。及时了解成本变化情况，根据市场情况和成本变化情况及时调整公式。

②加强与客户的沟通和合作，建立长期合作关系。可以通过提供优惠价格，增加增值服务等方式增强客户的忠诚度和信任度。

③加强产品品质和服务水平，提升产品竞争力。

3.3 "周均价+全配送"案例简述

广西石化聚丙烯拉丝全配送业务自2022年9月1日起试行"周均价结算+全配送"的销售模式，组织成立广西石化拉丝丙全配送工作小组，集中力量开展全配送业务试点，采用周均价结算方式结算，按自然周（周一到周日）均衡价格计算，月末最后三个工作日按市场价格定价销售。

2022年9~12月份南宁分公司销售全配送聚丙烯拉丝吨，具体流向如表1所示。

表1 南宁分公司销售全配送聚丙烯情况

区域	月均	南宁	桂林	玉林	崇左	百色	柳州	贺州	贵港	钦州	来宾	防城港	梧州	北海
用数	16309	4982	3109	2295	2090	1442	659	391	359	296	262	231	129	64
占比	100%	30.55%	19.06%	14.07%	12.82%	8.84%	4.04%	2.40%	2.20%	1.81%	1.61%	1.42%	0.79%	0.39%
配送M值（元/吨）	55.21	50	70	50	50	70	70	70	50	0	50	0	70	0
实际运费（元/吨）	118.59	70	168	135	115	150	152	171	125	36	125	63	171	73
运费价差（元/吨）	63.38	20	98	85	65	80	82	99	75	36	75	63	99	73

全配送业务经过四个月的努力初见成效。全配送业务累计创效 114.79 万元，累计配送 16309 吨。配送地址包含了广西 13 个地市，打通了广西石化 L5E89 全配送流程。南宁分公司将持续完善配送业务细节，为全配送业务夯实基础。

4 创新成果

4.1 管理、经济及社会效益提升

（1）"周均价 + 全配送"模式。

①管理效益方面，该模式可以实现统一的库存管理和物流配送，减少产品的积压和过期等问题。降低企业的库存和物流成本，提高供应链的管理效益。

②经济效益方面，通过制定每周的平均价格，企业可以更好地了解市场需求和供求状况，提高定价的准确性和销售效率。通过全配送，企业可以更好地满足客户需求，提高客户满意度和忠诚度，进而提高销售收入。

③社会效益方面，该模式可以减少产品的浪费和过期。降低了对环境的污染，减少了对资源的浪费，符合可持续发展的理念。

（2）竞价销售模式。

①管理效益方面，通过竞价销售模式，企业可以更好地了解市场需求和竞争情况。提高销售效率和收入，增强市场竞争力。

②经济效益方面，竞价销售模式可以吸引更多的客户参与购买。增加产品的曝光度和销售机会，提高销售收入和利润。

③社会效益方面，竞价销售模式可以促进市场竞争。提高产品质量和服务质量，增强消费者权益的保护，促进社会的经济发展。

（3）合约公式定价模式。

①管理效益方面，通过合约公式定价模式，企业可以更好地预测市场趋势，制定售价策略，提高管理效益和增加产品利润。

②经济效益方面，合约公式定价模式可以根据供需关系制定售价，以实现利润最大化，同时也可以提高市场竞争力和销售收入。

③社会效益方面，合约公式定价模式可以促进市场的健康发展，提高消费者的满意度，同时保护消费者的权益，进而促进社会的和谐发展。

通过以上分析,"周均价+全配送"、竞价销售和合约公式定价等营销运作新模式不仅可以提升企业的管理效益、经济效益和社会效益,也有助于促进市场的健康发展,提高消费者的满意度,保护消费者的权益,进而促进社会的和谐发展。

4.2 解决痛点

当前化工销售行业面临的问题主要包括市场份额逐渐被占领,成本居高不下以及客户黏性低等。因此,采用新的营销运作模式已经成为化工销售企业的新课题。

(1)"周均价+全配送"模式。

"周均价+全配送"模式能够有效降低客户的采购成本和风险。该模式通过计算每周的平均价格,在全配送的基础上进行销售。这种方法不仅可以更好地反映市场需求和供求状况,还可以提升定价的准确性和销售效率。此外,通过全配送,企业可以更好地满足客户需求,提升客户满意度和忠诚度,进而提高销售收入。

(2)竞价销售模式。

竞价销售模式可以根据产品的属性和市场情况的分析,确定最佳出价和促销策略。竞价销售模式能够吸引更多的客户参与购买,增加产品的曝光度和销售机会,提高销售收入和利润。此外,竞价销售模式还能够促进市场竞争,提高产品质量和服务质量,增强消费者权益的保护,促进社会的经济发展。

(3)合约公式定价模式。

合约公式定价模式是一种基于供需关系的定价方式,能够帮助企业更好地预测市场趋势,制定售价策略,提高管理效益和利润。通过精确的合约设计和数学运算,企业可以更好地掌握客户的需求和市场情况,从而更加精准地定价。此外,合约公式定价模式还可以增强企业的市场竞争力,提高企业的收入和利润。

综上所述,"周均价+全配送",竞价销售和合约公式定价等营销运作新模式可以解决当前化工销售行业的痛点。提升企业的管理效益、经济效益和社会效益,促进市场的健康发展。同时提高消费者的满意度和保护消费者的权益。

这些新型营销运作模式的实施对于化工销售行业的发展至关重要。

4.3 存在问题

在实践过程中，伴随着一些问题。例如，对于"周均价+全配送"模式，企业需要建立完善的市场调研机制，否则制定的周均价可能与市场需求不符。对于竞价销售模式，企业需要保证产品的品质和服务水平，否则可能会影响企业的形象和声誉。对于合约公式定价模式，企业需要建立完善的成本管理系统，否则可能会导致定价不准确。因此，企业在应用这些新模式时需要结合自身实际情况，制定相应的策略和措施，确保营销活动的顺利开展。

4.4 未来展望

营销公司要紧跟时代步伐，发挥"敢于担当、敢于创新、敢于挑战、敢于胜利"的作风，助力公司千万吨级化工销售标杆企业的高质量发展之路。

以市场为导向，强化前瞻性思考，整体布局，统筹推进，促进量效齐增和市场占有率，直销率的提升，牢牢把握工作主动权。践行"坐商"变"行商"，深入市场，深入企业，深入同行，进一步加强市场研判能力，特别是中长期市场分析研究。精准把握市场走势和规律，精准定位目标市场，站在千万吨级化工销售标杆企业的定位去纵观全局、把握全局。

5 结论

"周均价+全配送"、竞价销售和合约公式定价等营销运作新模式是我们试点探索的重要方向，这些模式可以有效地提高我们对化工产品的产销衔接和资源统筹，从而实现降本、提质、增效的目标，有效落实营销方针。

首先，通过"周均价+全配送"模式，我们可以更好地反映市场需求和供求状况，提高定价的准确性和销售效率。同时，全配送能够更好地满足客户需求，提高客户满意度和忠诚度，进而提高销售收入。这种模式能够减少库存和滞销的风险，并能够有效降低客户的采购成本和风险。

其次，竞价销售模式可以根据产品的属性和市场的情况分析，确定最佳出价和促销策略。竞价销售模式能够吸引更多的客户参与购买，增加产品的曝光度和销售机会，提高销售收入和利润。此外，竞价销售模式还能够促进市场竞争、提高产品质量和服务质量，增强消费者权益的保护，促进社会的经济发展。通过这种模式，企业可以更好地掌握客户的需求和市场情况，从而更加精准地定价。

最后，合约公式定价模式是一种基于供需关系的定价方式，能够帮助企业更好地预测市场趋势和制定售价策略，提高管理效益和利润。通过精确的合约设计和数学运算，企业可以更好地掌握客户的需求和市场情况，从而更加精准地定价。此外，合约公式定价模式还可以增强市场竞争力，提高企业的收入和利润。

"周均价＋全配送"、竞价销售和合约公式定价等营销运作新模式可以提高我们对化工产品的产销衔接和资源统筹，从而实现降本、提质、增效的目标，有效落实营销方针。这些模式可以为企业的长期发展提供坚实的基础。

精准激励 提升销售企业竞争力：华南化工销售分公司案例分析

程开宏

摘 要：本文以华南化工销售分公司为例，探讨精准激励机制对提升销售企业市场竞争力的作用。通过优化全员绩效考核体系，强化效益导向，加大分层考核力度，公司实现了薪酬分配与业绩贡献的紧密挂钩，有效激发了员工积极性。精准激励措施显著提升了销售业绩和管理效率，为企业转型发展提供了有力支撑。未来，公司将进一步优化考核指标，完善激励机制，以增强市场竞争力和可持续发展能力。

关键词：精准激励；绩效考核；市场竞争力；薪酬分配；销售管理

近年来，华南化工销售分公司（以下简称公司）认真贯彻落实中国石油集团公司业绩考核和薪酬分配相关工作的部署及要求。紧紧围绕公司任期和年度的经营业绩指标，以提高效率效益为目标，明确"凭贡献取酬、靠业绩增收"的价值导向。深化全员绩效考核，确保人人头上有目标、个个肩上有担子、干好干坏不一样。确保责任落到领导班子、部门和单位，压力传递到各个岗位，激励约束覆盖到全体员工，全面发挥业绩考核指挥棒作用。坚持薪酬分配向做出突出贡献的人才和营销一线倾斜，以考核促进管理水平提升，有效激发了队伍干事创业活力，增强了广大干部员工的责任感、使命感，形成了良好的考核导向和文化。为扎实推进公司由供应商向贸易商转型跨越高质量发展，为加快建设千万吨级化工销售标杆企业夯实了基础。

1 公司人力资源现状

公司按照中国石油集团公司市场战略部署，目前主要负责炼化企业合成树脂、合成橡胶、合成纤维原料、有机和无机化工产品在广东、广西、福建、海南四省（区）的销售业务，广东石化、广西石化化工产品的调运业务。公司化工产品年销售量于2010年首次突破100万吨，2012年突破200万吨，2021年已实现300万吨。广东石化（吉化揭阳项目）投产后，2023年公司销售规模将达到700万吨实现跨越式发展，2025年公司销售量将达到1000万吨。截至2023年4月30日，公司实际在岗人员244人（含公司领导班子成员5人）。员工平均年龄39.6岁，本科以上学历占90.5%，其中硕士研究生23人，占比9%。中高级职称人员占64.1%，其中副高级及以上62人，占比24%，是一支年轻而富有朝气的知识型销售队伍。

2 抓好全员绩效考核运行

绩效管理是公司为实现战略和经营目标制定的管理方式。通过绩效计划制定、绩效计划执行、绩效结果评估、绩效反馈与改进的不断循环，不断改善员工的绩效，进而提高整个公司的绩效。2020年以来，公司全面深入学习领会集团公司和炼化板块业绩考核工作要求，完善了以《全员绩效考核管理办法》为基础，以绩效合同为载体，覆盖全体员工的绩效考核体系。根据部门业务特点及员工岗位职责要素，设定部门和员工的考核指标，将战略目标、重点工作、管理"短板"的关键内容设置为绩效指标和工作目标。制订年度单位、员工两级业绩合同，通过下发文件、签订合同、召开专题培训会等方式，在全体员工中广泛开展公司绩效考核管理办法及本单位绩效考核实施方案的培训和宣贯工作。规范绩效标尺、亮明考核准绳，分级实施绩效考核，充分发挥绩效考核的"指挥棒"作用。

2.1 优化业绩考核顶层设计

近年来，根据公司发展规划及战略目标，公司以持续加强业绩考核制度体系建设为重点，不断改进考核的方式办法，先后修订完善《公司全员业绩考核管理办法》，优化顶层设计，建立健全了以效益为导向的全员业绩考核体系。（1）突出考核主体，实施公司考核到单位部门、单位部门考核到岗位两个层面考核。（2）突出差异化考核，划分机关职能管理部门、营销支持部门、销售业务处室、销售分公司4个区间分别考核，根据业务重要程度及贡献大小，确定各区间绩效薪酬兑现系数,将系数拉开差距。(3)突出分类考核,精准制定效益、营运、控制和专项4类考核指标,使业绩考核的目标导向更加明确。(4)强化薪酬与效益联动,全面实行以利润、购销率、全员劳动生产率完成情况确定全员每月绩效薪酬发放基数,激励、约束作用进一步发挥。(5)紧紧咬住经营目标,逐级细化分解营销调运主营业务关键业绩指标,明确各单位、各部门年度工作目标,逐级签订年度业绩合同,层层分解任务、层层落实责任、层层传导压力、层层激发动力,促进自下而上创业绩、比贡献。(6)同步依据中国石油集团公司、炼化板块年度绩效考核指标要求,每年修订完善、公司《年度绩效考核方案》和《年度业绩指标配套考核实施细则》,确保考核指标与职责分工精准契合,为绩效考核工作搭建了制度基础,考核体系的系统、高效、简洁、实用性更加突出。

2.2 全面加强指标体系建设

深入挖掘业绩考核深度,突出专业化精细管理,将原有的机关职能管理部门、销售业务处室和销售分公司3个考核区间,按照管理职能调整为职能管理部门、营销支持部门、销售业务部门、销售分公司4个区间。坚持业绩指标少而精的原则。在年度绩效考核指标优化设置中,修订效益、服务、营运、控制4类考核指标,规范考核指标设置,能量化的量化、不能量化的细化。增设客户开发、价格对标、落袋价差、直销率、销量增量、创效能力评价等单项考核指标,进一步加大效益类指标权重。重点指标从"数量型"指标向"质量型"指标转变,切实减少因指标设置造成的考核障碍。针对价格缩差、推价到位率、直销率、高效产品销量、落袋价差收入等营销调运主营业务指标,考核目标值取上年完成值、前三年平均值或至少优于上年完成值,全面提高考核数据的真实性。健全完善关联业务指标协同考核机制,落实指标主体责任,将销量、推价到位率、购销率、直销率等重点指标,关联辐射到相关部门和单位,根据重要程度和责任担当差异化设置权重或扣分标准,健全完善了目标统一、责任共担、利益共享的考核机制。

2.3 加大效益类指标考核权重

2020年起,公司将销售单位效益类指标调整为利润总额、吨产品净利润、价格对标缩差和价格到位率 4 个指标，总权重增加为 50%，2023 年调增为 54%，进一步强化效益导向。2022 年调整指标考核方式，将"吨产品净利润"考核调整为"利润总额"与"吨产品净利润"联动考核，兼顾单位创效及效益实现规模，突出整体创效综合评价。同时结合营销运营质量提升实际，适时调整运营管控考核指标，先后增设"高端高效产品销量""化工新材料销量""量价配合""广东石化产品签约客户采购兑现率""价格到位评价"等指标，突出销售业务单位操盘水平和客户开发成果应用考核。

2.4 加大分层绩效考核力度

持续健全完善公司绩效小组考核、各专业线专项考核和各单位内部考核挂钩的考核机制。（1）公司考核领导小组对机关部门的考核，通过对机关部门的集中考核管理，加强公司调控政策的指引作用。（2）机关部门对基层单位的考核，按机关部门的职能和专业线进行分类考核，增强机关部门的职能监督作用。（3）单位内部考核，各单位根据公司考核及自身实际情况，以效益优先、兼顾公平为原则，有针对性地开展内部考核，做到考核细化、责任到人。通过自上而下、层层覆盖、多维度、全方位的考核，将目标层层分解，最终量化至个人，进一步完善了分工明确、针对性强、考核奖惩到位的考核模式，强化了责任落实。

2.5 突出精准激励

结合年度主营业务重点目标任务，立足解决营销调运和经营管理中的重点、难点问题，进一步优化单项考核奖项的设立。制定与各业务单元重点工作任务相配套的单项奖励政策，加大对扩销、直销率和价格到位率提升、化工新产品开发等提质增效关键性和挑战性工作的考核激励。用好、用活精准激励，大力引导业务人员努力闯市场、抢市场，在渠道开发建设、均衡销售实施、直销率提升"上、比、学、赶、超"，有效激发动力与活力。

3 强化业绩考核结果应用

公司始终坚持业绩考核结果与员工切身利益紧密挂钩，严考核、硬兑现，较好地实现了责、权、利和能、绩、酬的统一。建立了业绩考核结果与薪酬分配、管理序列升降、评先选优、后备干部和优秀人才储备、职称评审和培训相挂钩的激励机制，突出了业绩考核结果在薪酬分配中的激励约束作用及调控力度。依据向营销一线倾斜的原则，合理设定各区间奖金系数，根据公司月度效益实现情况，核定各部门、各分公司所属区间奖金总额。在广大干部员工中牢固树立了"单位工资凭效益、个人收入凭贡献"的观念，充分调动了全体员工的积极性。

（1）健全沟通反馈机制，促进业绩持续提升。公司按照"谁负责考核，谁负责沟通与辅导"的原则，重点加强业绩合同制定和执行过程中的沟通反馈。通过自上而下、自下而上的双向沟通，建立了及时高效的沟通和反馈机制。在每月上旬及时召开由月度业绩考核领导小组会议，通报、反馈、分析、沟通、评价当月业绩考核情况，深入分析原因、找差距、查根源并提出改进措施。各单位结合月度、季度业绩指标考核结果情况及员工个人业绩实现情况，召开二次分配考核会议，形成单位负责人与岗位人员定期面谈机制，努力帮助、辅导员工提高业绩。

（2）以绩效考核结果实现差异化奖金分配。坚持绩效联动，加大绩效奖励差异化分配，完善工资收入与单位效益、岗位创效能力挂钩的机制。将月度绩效指标完成情况与各部门、各单位月度绩效考核浮动奖金挂钩，根据化工销售行业的特点和考核指标的性质，将各考核指标分成累计汇算和月度区间比较两种方式，兑现月度绩效考核浮动奖金，拉开业务部门、销售分公司、营销支持和职能管理4个区间绩效奖金内部差距。由于化工产品销售行业的特点，销售部门、销售分公司的考核指标完成值在各月份间的波动较大，如图1、图2所示。

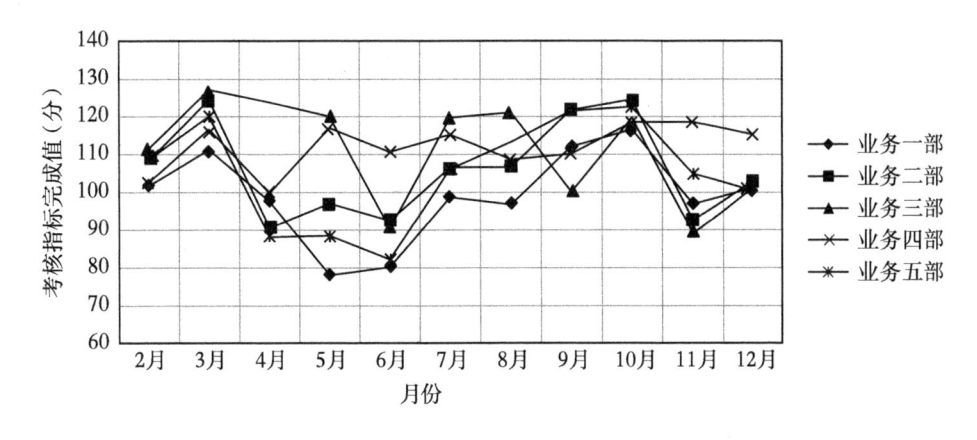

图1 2021年销售业务部门绩效分数情况

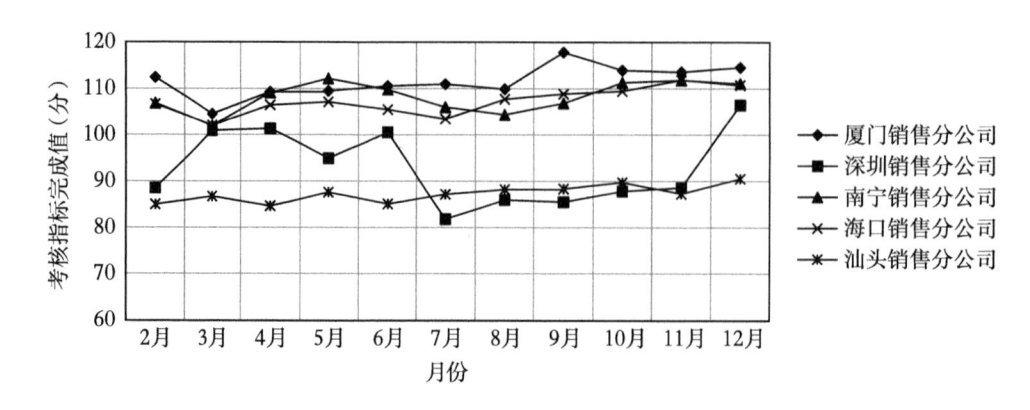

图 2　2022 年销售分公司绩效分数情况

产品排产的稳定性等客观因素会造成月度业绩指标完成情况波动变化较大，不利于绩效考核结果与薪酬挂钩部分的稳定兑现。为保证绩效考核兑现客观公平，将利润、销量等部分指标按照累计汇算考核方式兑现，另外一部分指标如销售计划执行率、价格到位率等按照月度考核结果区间比较的方式进行兑现。2021 年销售业务部门绩效月度平均得分与月度浮动绩效奖金相关系数达到 99%，保证了业务部门取得绩效结果与兑现的浮动绩效奖金相匹配。

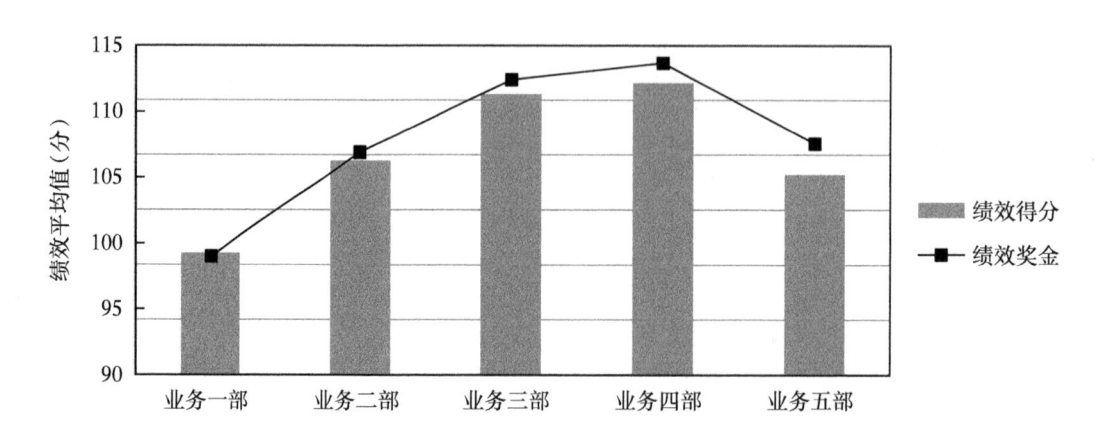

图 3　2021 年销售业务部门月度绩效平均得分与平均浮动绩效奖金情况

2021 年，业务四部月度绩效考核平均得分 112.15 分，为销售业务部门区间平均最高分，业务一部月度绩效考核平均得分 99.23 分，为销售业务部门区间平均最低分。两个部门分数相差 12.92，业务四部员工绩效奖金收入是业务一部员工奖金收入的 112.5%。工资收入与单位绩效指标直接挂钩，实现了"业绩上、薪酬上，业绩下、薪酬下"。

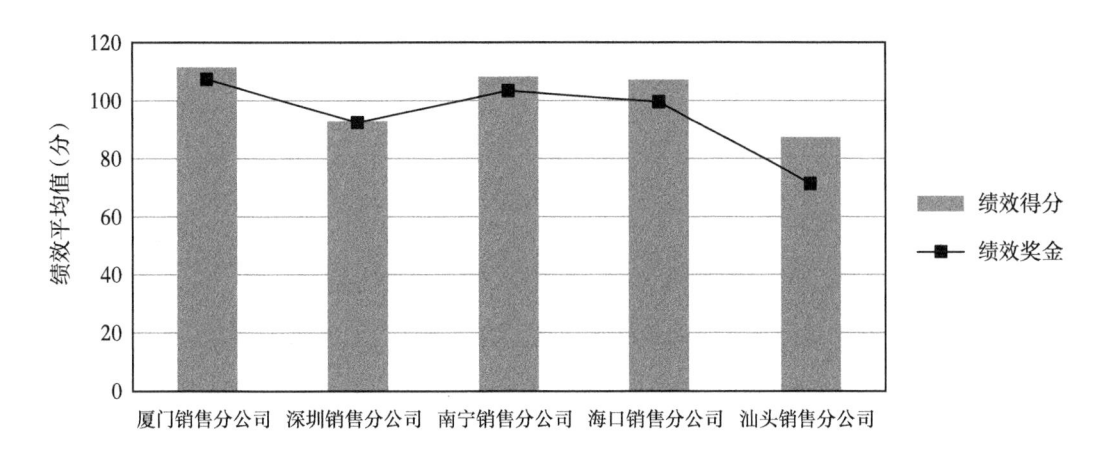

图 4 2022 年各销售分公司月度绩效平均得分与平均浮动绩效奖金情况

2022 年，厦门销售分公司月度绩效考核平均得分 111.55 分，为销售分公司区间平均最高分，汕头销售分公司月度绩效考核平均得分 87.31 分，为销售分公司区间平均最低分。两个部门分数相差 24.24，厦门销售分公司员工绩效奖金收入是汕头销售分公司员工奖金收入的 122.4%，工资收入与单位绩效指标直接挂钩。

（3）用好用活二次分配。考核周期"长短结合"，从单一的月度考核调整为月度、年度相结合的模式。月度考核成绩同每月绩效工资挂钩，按月考核兑现；年度考核在综合评价月度考核成绩、年度重点专项工作完成情况基础上，综合性考核评分，在年终绩效二次分配中兑现。促使员工关注公司和单位整体业绩实现，做到了责任压力层层传递，上下衔接、激励与约束并重，及时传递经营压力，形成了"干多干少不一样"的争强比胜氛围。2022 年公司营销部门二级正副职与其他部门二级正副职年收入相差均达到 5 万元，各高级主管相差 4 万元。

（4）将绩效考核结果作为综合考核评价和奖惩任免的重要依据。公司绩效考核结果应用范围包括：薪酬兑现、选拔任用、综合考评、评先选优、序列晋升和培训学习等。2021 年以来，在二级班子中层干部及一般管理人员年度综合考核评价中，把年度绩效成果指标权重设置为 40%。增大了绩效考核结果在年度和任期综合考核评价指标中的比重，绩效考核结果在突出劳动薪酬的基础上，计入个人年度、任期综合考核评价结果中，与员工岗位管理序列升、降、优秀人才选育、职称评审、培训发展相结合，使公司激励机制得到了充分运用。通过强化绩效考核结果应用，公司做到了贡献与利益对等、激励与约束并重，充分发挥目标驱动引领作用，着力激发了干部员工的干事创业活力。

4 结论

随着广东石化、吉化揭阳项目投产，公司跃升成为资源大户，销量倍速增长，2023年公司销量跃升至700万吨。至2025年，公司销售总量将达到1000万吨，到2030年公司销售总量达到1200万吨，到2035年公司销售总量达到1500万吨。根据公司转型跨越高质量发展部署和要求，以专业化管理、市场化运作和一体化统筹为目标，推行细分的产品专业线统一管理与区域化销售管理统筹结合的营销新模式。建立"管销"分离，各司其职、权责清晰、协同联动的总部业务部门产品经理团队，销售分公司客户经理团队营销管理新体制、新机制，运行高效、管控有力的市场营销体系，做到市场有人"谋"、产品有人"销"、运行有人"导"，达到营销管理调控有度，产品线各环节运转协调有序的效果。但是还存在职能部门岗位贡献不足，体现价值创造的关键绩效指标量化不够等问题，考核结果差异化仍需进一步加大。

在下一步工作中，公司将全面强化效益决定机制，大力优化两个层面业绩考核指标，做到组织领导、部门联动、考核措施"三个到位"。全面厘清职能职责界面，对标华南区域市场薪酬价位，在完善按岗位价值、创效能力、业绩贡献决定薪酬的重实绩、凭贡献的全员业绩考核和绩效挂钩的薪酬分配激励新机制上下功夫。拓展和强化业绩考核结果应用，着力增强人才创新活力、全员创效动力和企业市场竞争实力，为加快健全与"千万吨级化工销售标杆企业"目标相匹配的营销体系和营销能力提供保证。

信息系统协同在广东石化（吉化揭阳）项目化工产品出厂流程设计中的探索和实践

张　超　谢志岭　王维军　张惠财　黄盟锋　林乐林

摘　要：现代物流体系中，信息技术与信息系统已被深入地应用到物流管理工作中。企业为了在现代化物流体系和竞争环境中谋求生存和发展，须不断加强对信息技术的采纳和应用。

广东石化（吉化揭阳）项目于2023年一季度顺利投产，稳定排产后，年商品量达到664万吨，公路、海运出厂面临严峻挑战，对中国石油华南化工销售公司现代化物流管理能力提出了更高的要求。本文介绍了其他物流先进企业在出厂业务流程上的做法，分析了中国石油其他化工销售企业出厂业务流程现状，提出了中国石油华南化工销售公司利用信息系统协同在化工产品出厂流程设计中的探索和实践方案，对中国石油化工销售企业未来出厂业务流程优化提供了新选择和新思路。

关键词：现代化物流；信息系统协同；出厂流程

随着全球经济的快速发展和信息技术的不断进步，现代物流管理正经历着深刻的变革。信息技术的广泛应用不仅提升了物流效率，还推动了物流管理的智能化和系统化。在这一背景下，企业如何通过信息系统协同优化物流流程，成为了提升竞争力的关键。广东石化（吉化揭阳）项目作为中国石油天然气集团公司"十四五"期间的重点项目，其化工产品出厂流程的设计与实施，正是这一趋势的典型体现。

1　公司现状

中国石油华南化工销售公司（以下简称华南公司）于2004年5月在广州成立，负责中国石油统销化工产品在广东、广西、福建、海南四省（区）区域内的销售和调运业务，主营合成树脂、合成橡胶、有机和无机四大类化工产品。

广东石化炼化一体化项目总投资654.3亿元，包括"2000万吨炼油+260万吨芳香烃+120万吨乙烯"，并配套建设30万吨原油码头和5千到10万吨的产品码头，是中国石油天然气集团有限公司（以下简称集团公司）"十四五"期间最大的炼化工程项目，也是集团公司"炼化业务转型升级"的重点项目。项目地处化工产品市场中心的华南地区沿海，毗邻高速入口，运距短、物流成本低，发展大型化工项目具有独特的区域优势。主要生产对二甲苯、苯、苯乙烯、合成树脂、裂解C5、裂解C9、工业气体、丙烯、丁二烯等17个类别的产品。吉林石化（揭阳）同期配套生产60万吨ABS产品。两个项目统销的化工产品均由华南公司负责销售和调运，年商品量达到664万吨。

华南公司于2022年2月成立广东石化产品调运项目部（以下简称项目部），配置人员12人，负责广东石化产品调运筹备、组织、实施、厂运衔接、调运代理等工作。为确保广东石化（吉化揭阳）项目化工产品顺利出厂，华南公司与国内物流先进企业对标，改变从销售订单到客户接收及发货过账的传统人工操作流程，将ERP2.0系统、电子销售系统、物流管理系统、企业储运物流系统进行有机融合，积极探索和实践智慧物流管理的创新和应用。以信息系统协同为基础，高标准设计广东石化（吉化揭阳）项目化工产品出厂流程，消除销售企业与生产企业出库环节的信息孤岛，实现了进出厂提货全流程的高效化、系统化、智能化，极大降低了调运人员的工作量，提高了客户的提货体验。

2　实施背景

2023年是机遇与挑战并存的一年。广东省提出在全面建设社会主义现代化国家新征程中走在前列的目标，将大力推进粤港澳大湾区和中国特色社会主义先行示范区建设。全力推动科技创新、协调发展等重点领域的改革创新，加快推进传统产业优化升级，大力发展先进制造业，做大做强数字经济，不断增强经济发展后劲。在集团公司做大化工业务，加快炼化业务转型升级的背景下，华南公司依托区域经济大发展和广东石化（吉化揭阳）项目的投产，2023年统销化工产品销量达到715万吨，实现销量翻番。"十四五"末统销化工产品销量将突破1000万吨，将迎来前所未有的发展机遇。

广东石化（吉化揭阳）项目生产稳定后，合成树脂产品产量可达250万吨，有机产品392万吨，其他产品81万吨，总计723万吨。其中互供量59万吨，销售调运出厂664万吨，其商品的种类、规模、数量在国内同行业中的影响力均排在前列。按照2023年广东石化排产计划及《广东石化化工产品营销方案》中的整体调运安排，全年513万吨产品需要顺畅出厂。海路月均发运量21.65万吨，月均发运27个航次，公路日均发运量6966吨，日均发运232车。产品出厂的任务繁重，公路、海运出厂面临严峻挑战，这对华南公司物流规划、组织、实施、控制、应急能力及现代物流信息系统建设和优化提出了更高的要求。

自2021年开始，中国石化中科炼化、青岛石化、济南炼化等企业陆续上线了智能进出厂系统，打通了统销、自销产品线上提货出厂业务流程，实现了产品进出厂流程全电子化管理，实现了生产企业与销售企业之间业务数据的无缝衔接，解决了驻厂办开票班组工作强度大、现场提货车辆堆积、司机等待时间过长、进场效率低等问题。通过信息化手段将物流调运人员从繁琐的制单等事务性工作中解放出来，将工作重心转移到运力协调、实时分析数据和提高服务质量方面。

华南公司深刻认识到，目前中国石油化工销售物流系统与同行业先进企业相比仍存在较大提升空间。出厂业务流程中关键环节的运行方式主要依靠纸质单据线下传递和ERP手工创建和录入，存在工作量大、效率低、出错率高、时效性差等问题。ERP2.0系统、电子销售系统、物流管理系统、广东石化储运物流系统之间存在数据断点与信息"孤岛"。

按照以往方式设计出厂业务流程，仅靠华南公司广东石化产品调运项目部的12人，无法完成这么大量的产品出厂任务。因此，以广东石化打造智能炼化基地为契机，建设一套先进、高效、实用、无缝衔接的进出厂协同系统，实现生产企业进出厂提货全流程的高效化、系统化、智能化至关重要。

集团公司在工作报告中强调："要组织好广东石化全面投产后的全产业链优化运营。"华南公司必须踔厉奋进，加倍努力，全力完成党组交给华南公司的工作任务，为建设千万吨级化工销售标杆企业乘势而上、接续奋斗。为此，华南公司要推进物流管理系统与现有系统的协同应用，以数字化、智能化为目标，高标准建立大类产品出厂标准流程，制定标准化工作手册，打造出高效贯通具有示范效应的电子销售和物流管理平台。为推动华南公司转型跨越发展踏上新征程，为集团公司建设基业长青、世界一流企业做出积极贡献。

3 国内其他石化企业调研情况

2021年以来,华南公司领导及广东石化(吉化揭阳)领导高度重视广东石化(吉化揭阳)项目产品的营销及物流准备工作,部署并带队对合成树脂、液体化工等产品市场及华南地区其他物流先进炼化企业和运输单位进行调研。

以中国石化古雷石化出厂业务流程为例。古雷石化化工产品出厂业务流运行以五大信息系统为基础,分别是ERP系统(资源计划管理系统)、CRM系统(客户关系管理系统)、石化e贸系统(电子销售系统)、物联网系统(物流信息系统)和生产企业智能营销物流系统(生产企业提货系统)。化销ERP、炼厂ERP、石化e贸、物联网系统及进出厂系统之间的数据传输为触发式,即实时传输(数据每隔一个小间隔传输)。五个系统以ERP系统数据为核心深度融合,装车数量由炼厂ERP录入(取数),数据自动导入到化工ERP及石化e贸、物联网系统中,化销ERP无须重复录入。无须开单、取单、录单等人工步骤,发货流程各步骤实现信息共享、有序衔接,节省大量人力,实现了产品进出厂流程全电子化管理,实现了生产企业与销售企业之间业务数据的无缝衔接。各系统之间的数据共享逻辑如图1所示。

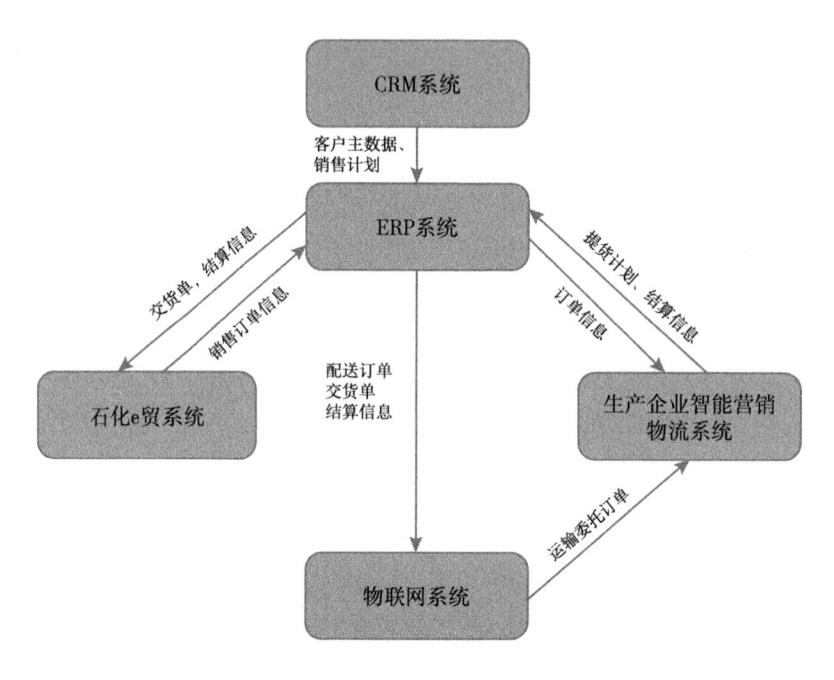

图1 信息系统间数据共享逻辑

产品出厂流程如图2所示。

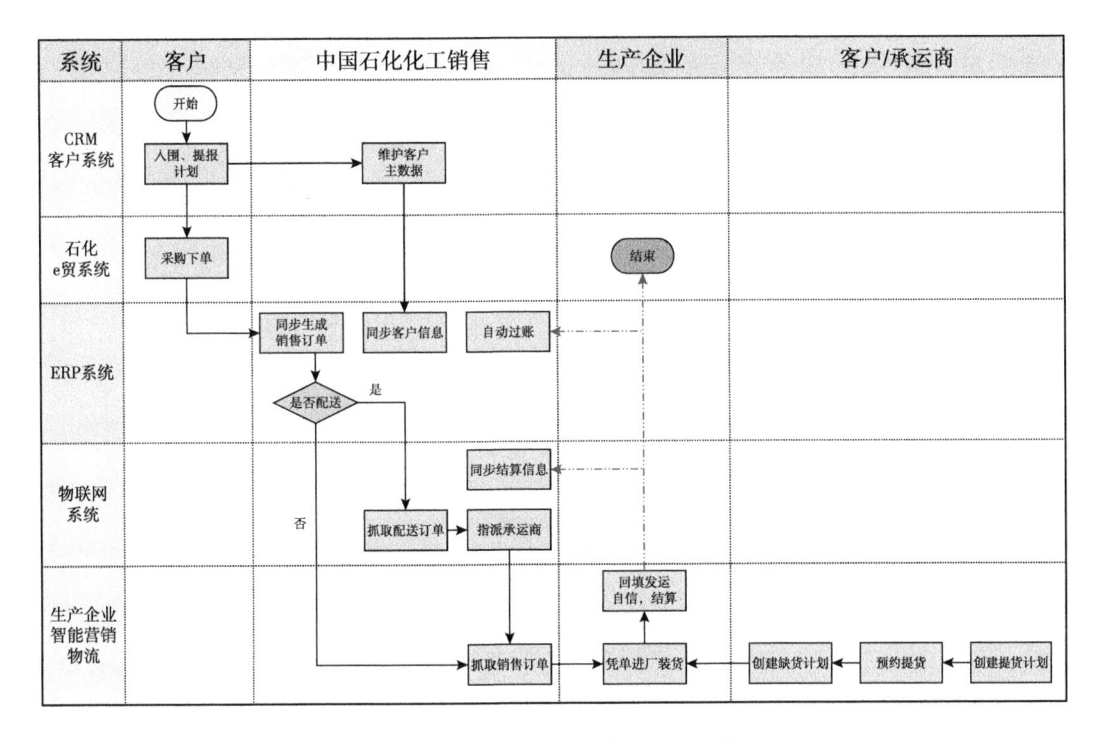

图 2　企业库发客户自提与配送模式

（1）客户准入、提报月度计划：与客户确立合作关系之后，由客户经理在CRM系统上进行客户信息录入并提交审批，审批通过后可在CRM系统上提报每月销售计划。

（2）客户线上下单：古雷石化企业库资源由客户自行在石化e贸系统上进行确认下单，订单信息会自动推送至ERP系统生成销售订单。

（3）订单信息传送：若订单为配送订单，ERP系统会将配送订单推送至物联网系统及生产企业智能营销物流系统。物流经理在物联网系统上创建运输委托订单，完成承运商指派之后物联网将承运信息推送至生产企业智能营销物流系统。若订单为自提订单，ERP系统将订单信息推送至生产企业智能营销物流系统。

（4）预约进厂：古雷石化采用线上预约进厂提货的方式，自提客户和承运商通过微信小程序创建提货计划，提货计划创建之后生产企业智能营销物流系统将其推送至ERP系统生成交货单，ERP系统交货单信息同时推送至物联网系统和石化e贸系统。

（5）进厂提货：交货单指定的司机在系统预约提货，收到预约成功短信后在预约时间内到达现场进行安检。安检通过后可打印提货凭证，安检不通过且现场无法整改的车辆直接出厂不予提货。司机凭提货凭证等待叫号提货，空车过磅后进厂装货，装货完成后重新过磅计量，确认计量数据无误后签字离厂。现场提货流程如图 3 所示。

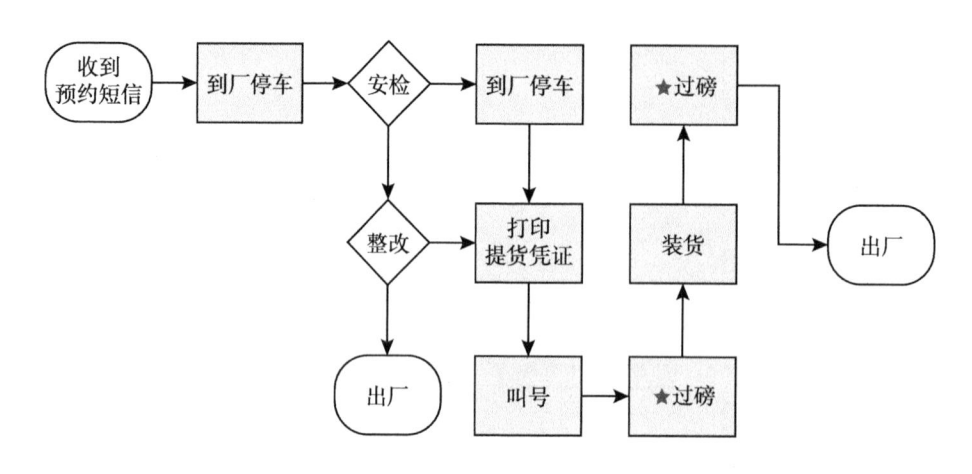

图 3 古雷石化现场提货流程

液体车辆进入厂区提货，装车前需要主动配合过第一次皮重，计量员在提货凭证盖章后，方可装货

（6）发货过账：装货完成后，由古雷石化出库人员在生产企业智能营销物流系统填写发运信息，结算信息将推送至 ERP 系统完成过账操作，同时将结算信息同步至物联网系统。

4 中国石油其他化工销售企业出厂业务流程现状

经过华南公司调研，中国石油其他化工销售企业通用的出厂业务流程如图 4 所示。

流程简要描述：客户在电子销售系统开单→承运商线下传递提货委托→调运人员在 ERP 创建交货单→调运人员在 ERP 系统录入资质并进行审核→人工打印交货单给司机→司机凭纸质交货单进厂提货→装货完毕后调运人员线下取回单据→根据取回的单据数据手工发货过账。

按照中国石油以往出厂流程，提货申请、资质审核、交货单创建、司机进厂、装车出库数据采集这 5 个重要出厂环节的运行方式主要依靠纸质单据线下传递和 ERP 系统全手工创建和录入。主要有以下五个部分。

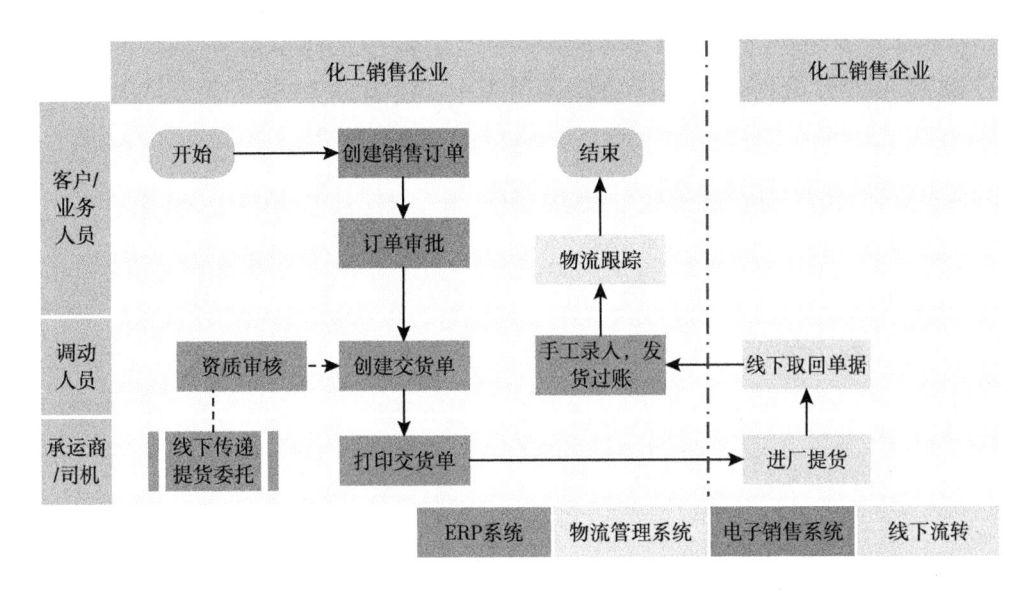

图 4 中国石油其他化工销售企业通用出厂业务流程

（1）提货申请：由客户传真提货委托书，并电话联系调运部门。存在效率较低的问题，且更换车辆时，需要重新传真委托书。

（2）资质审核：由调运部门手工在 ERP 系统进行录入和审核。车辆多的情况下，存在资质管理模块负担重，响应时间慢，录入人员工作量过大的问题。

（3）交货单创建：交货单创建在 ERP 系统中，客户或承运商需通过委托书的方式将提货车辆信息线下传递给销售企业，调运人员根据委托书上的车辆信息在 ERP 系统中手工创建交货单，制单工作量繁重。

（4）司机进厂：提货出库环节，司机需先去销售公司调运部打印交货单，持纸质单据去企业库现场排队进厂提货。存在等待时间长，现场车辆拥堵的问题。

（5）装车出库数据采集：由于大部分生产企业没有专业的储运物流系统，实际装车量数据仍然是线下纸质单据传递回销售公司，销售公司人员第二天上午手动录入 ERP 系统进行过账，存在工作量大、效率低、出错率高、时效性差等问题，销售企业和生产企业之间存在数据断点，形成了信息"孤岛"。

根据实际操作测算，仅创建交货单、资质录入及审核和人工发货过账这三个环节，平均每车就耗时约 10 分钟（在调运业务人员操作熟练和系统网络状况良好的情况下），一个调运人员一天正常工作的最大开单数量为 40 车，还需要其他调运人员负责电话沟通协调和现场处理共同配合。按照以往方式设计出厂业务流程，开单人员就需要配置至少 8 位，仅靠华南公司广东石化产品调运项目部的12人，根本无法完成这么大量的产品出厂。只有通过信息化手段精简开单人员，将更多的人员投入到运力协调和组织上，才能进一步提高产品出厂效率。

5 信息系统协同框架构建思路

为达到广东石化（吉化揭阳）项目智能化出厂的目标，华南公司与昆仑数智项目组共同努力，提出了系统协同的基本设计逻辑，即以物流管理系统为枢纽，分别与ERP2.0系统、电子销售系统（中油e化）、广东石化储运物流系统进行集成。各信息系统均由集团公司统建。系统之间数据共享逻辑如图5所示。

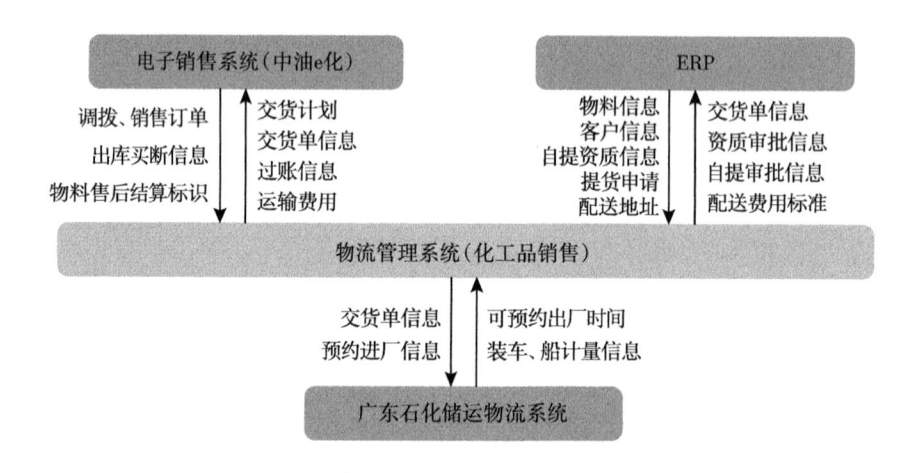

图5 智能出厂各系统之间数据共享逻辑

智能出厂业务流程整体框架设计如图6所示。

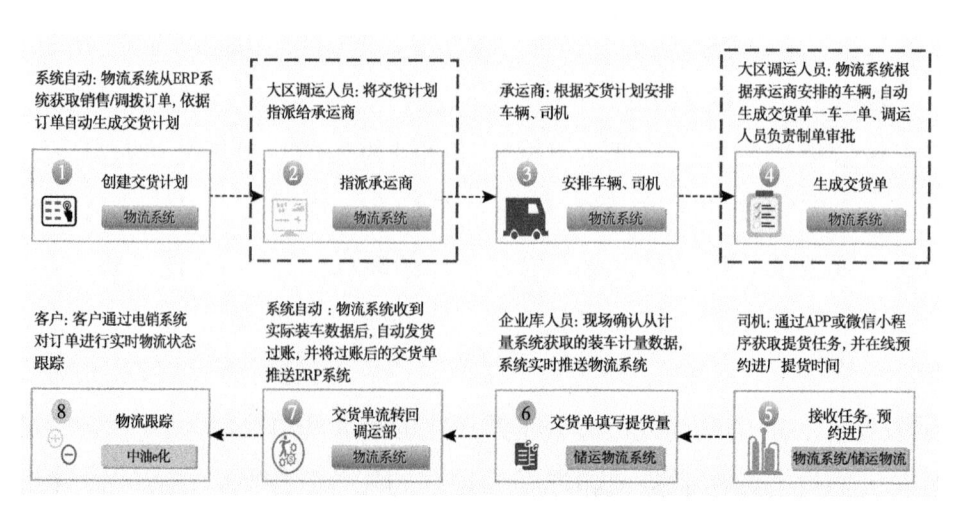

图6 智能出厂业务流程整体框架

通过8个步骤，实现"订单—物流交货计划—物流交货单—车辆预约进厂—装车计量数据"高效流转。整个产品出厂环节，调运人员仅需进行指派承运商和制单审批两步操作。

6 基于信息系统协同下产品出厂流程设计

为提升调运工作效率，给客户提供更优质的服务体验，基于信息系统协同整体框架思路，结合广东石化立体库、汽车衡、智能装车平台、港务系统等智能化储运设施及系统，华南公司积极与各个信息系统项目组对接，与广东石化（吉化揭阳）相关部门多次开展出厂业务流程对接推演和线上线下流程演练。结合实际提出了优化改进方案，高标准设计了全新的出厂业务流程，切实消除化工销售业务企业库出库环节的数据孤岛现象，实现了化工销售企业内部无纸质单据流转的智能化出厂。

6.1 合成树脂产品公路全配送出厂流程

合成树脂产品公路全配送出厂流程如下（图7）：（1）客户或业务部在中油e化系统创建直发配送销售订单，或物流部在ERP创建调拨订单，订单信息同步至ERP系统（物流管理系统每10分钟从ERP系统自动抓取订单信息）；（2）项目部在物流管理系统对承运商进行交货计划指派；（3）承运商维护提货车辆、人员资质信息；（4）承运商发起提货申请；（5）项目部进行制单审批自动生成ERP或物流管理系统交货单；（6）承运商预约提货；（7）司机入厂办理相关装车手续进行装车；（8）装车完毕，广东石化（吉化揭阳）计量人员在广东石化储运物流系统进行发运确认；（9）计量数据自动回传物流管理系统触发ERP或物流管理系统交货单自动过账；（10）司机出厂配送至收货地，客户完成货物签收；（11）承运商运费录入并上传相关凭证，提交申请；（12）项目部费用录入审批，费用结算提交；（13）物流部费用结算审批；（14）公司财务支付运费；（15）结束。

6.2 液体化工产品公路出厂流程

液体化工产品公路出厂流程如下（图8）：（1）客户或业务部在中油e化系统创建直发配送销售订单，订单信息同步至ERP系统（物流管理系统每10分钟从

ERP系统自动抓取订单信息）；（2）项目部在物流管理系统对派承运商进行交货计划指派；（3）承运商维护提货车辆、人员资质信息提交项目部审批；（4）承运商发起提货申请；（5）项目部进行制单审批自动生成ERP或物流管理系统交货单；（6）承运商预约提货；（7）司机入厂办理相关装车手续进行装车；（8）装车完毕，广东石化计量人员在广东石化储运物流系统进行发运确认；（9）计量数据自动回传物流管理系统触发ERP或物流管理系统交货单自动过账；（10）司机出厂配送至收货地，客户完成货物签收；（11）承运商运费录入、上传相关凭证，提交申请；（12）项目部费用录入审批，费用结算提交；（13）物流部费用结算审批；（14）公司财务支付运费；（15）结束。

6.3 化工产品海路出厂流程

化工产品海路出厂流程如下（图9）：（1）物流部制定月度船期计划表、确认航次；（2）客户或业务部在中油e化系统创建直发销售订单，订单信息同步至ERP系统，或物流部在物流系统创建调拨订单；（3）项目部在物流管理系统对派承运商进行交货计划指派；（4）承运商或客户维护提货车辆、人员资质信息；（5）承运商或客户发起提货申请；（6）项目部进行制单审批自动生成ERP或物流管理系统交货单；（7）靠泊前准备工作包括船代申报海事、码头申报港口作业、项目部进行商业保险投保及商检委托；（8）船舶到港装货；（9）完货后计量人员在港务管理系统进行发运确认，计量数据自动回传物流管理系统触发ERP或物流管理系统交货单自动过账；（10）船舶离港配送至目的地，客户完成货物签收；（11）承运商运费录入并上传相关凭证，提交申请；（12）项目部费用录入审批，费用结算提交；（13）物流部费用结算审批；（14）公司财务支付运费；（15）结束。

6.4 区外大区陆海联运调拨流程

区外大区陆海联运调拨流程如下（图10）：（1）区外大区销售公司在ERP系统提报需求计划；（2）ERP系统接收计划并创建同一订单号的公路和水路调拨单；（3）项目部指派运输合作方；（4）运输合作方进行公路派车申请后经审批完成交货单创建；（5）运输合作方在物流系统上进行公路提货预约，预约信息传递到广东石化储运物流自动化系统，通过储运物流系统终端机进行厂外停车

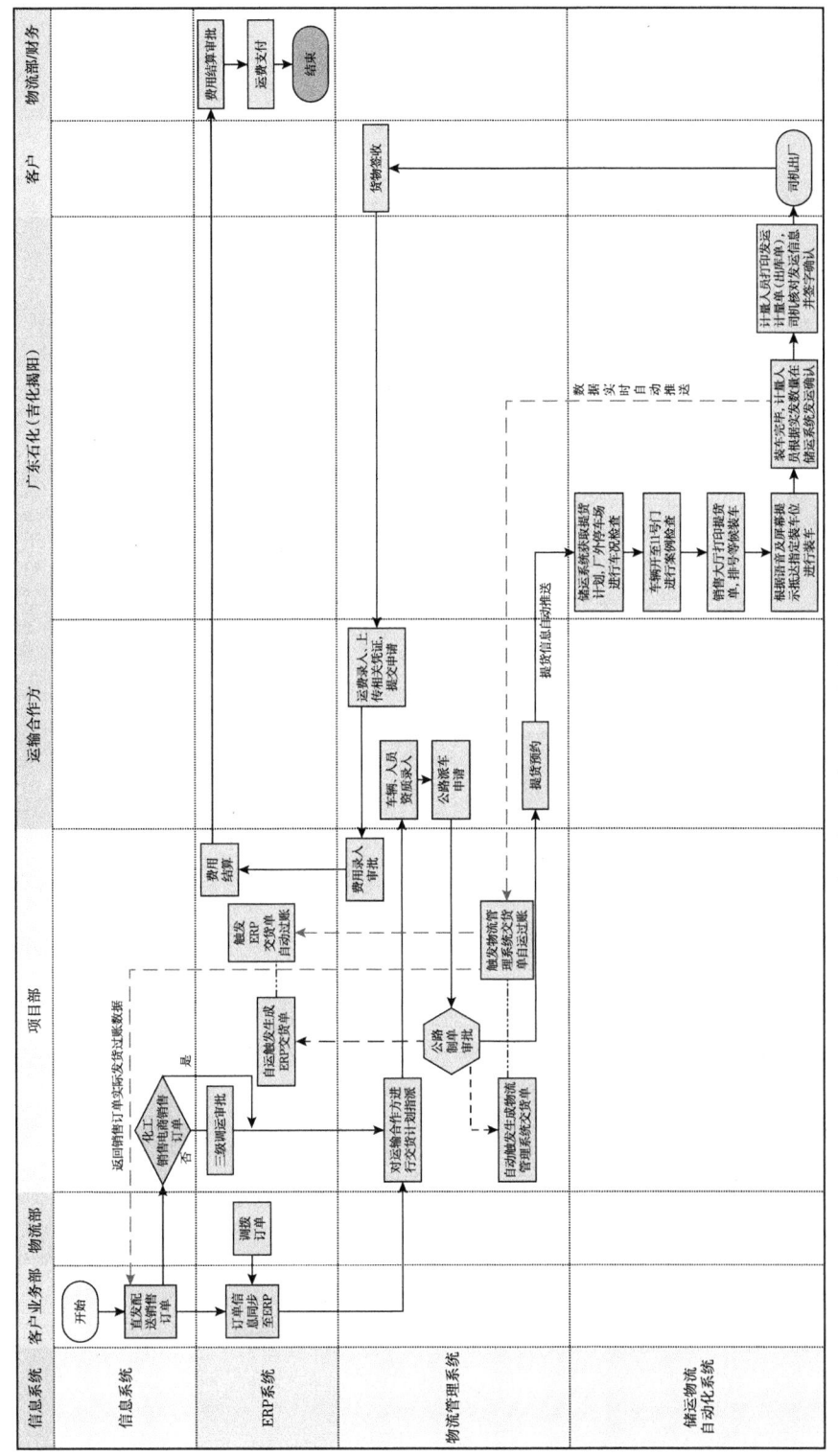

图 7 合成树脂产品公路全配送出厂流程

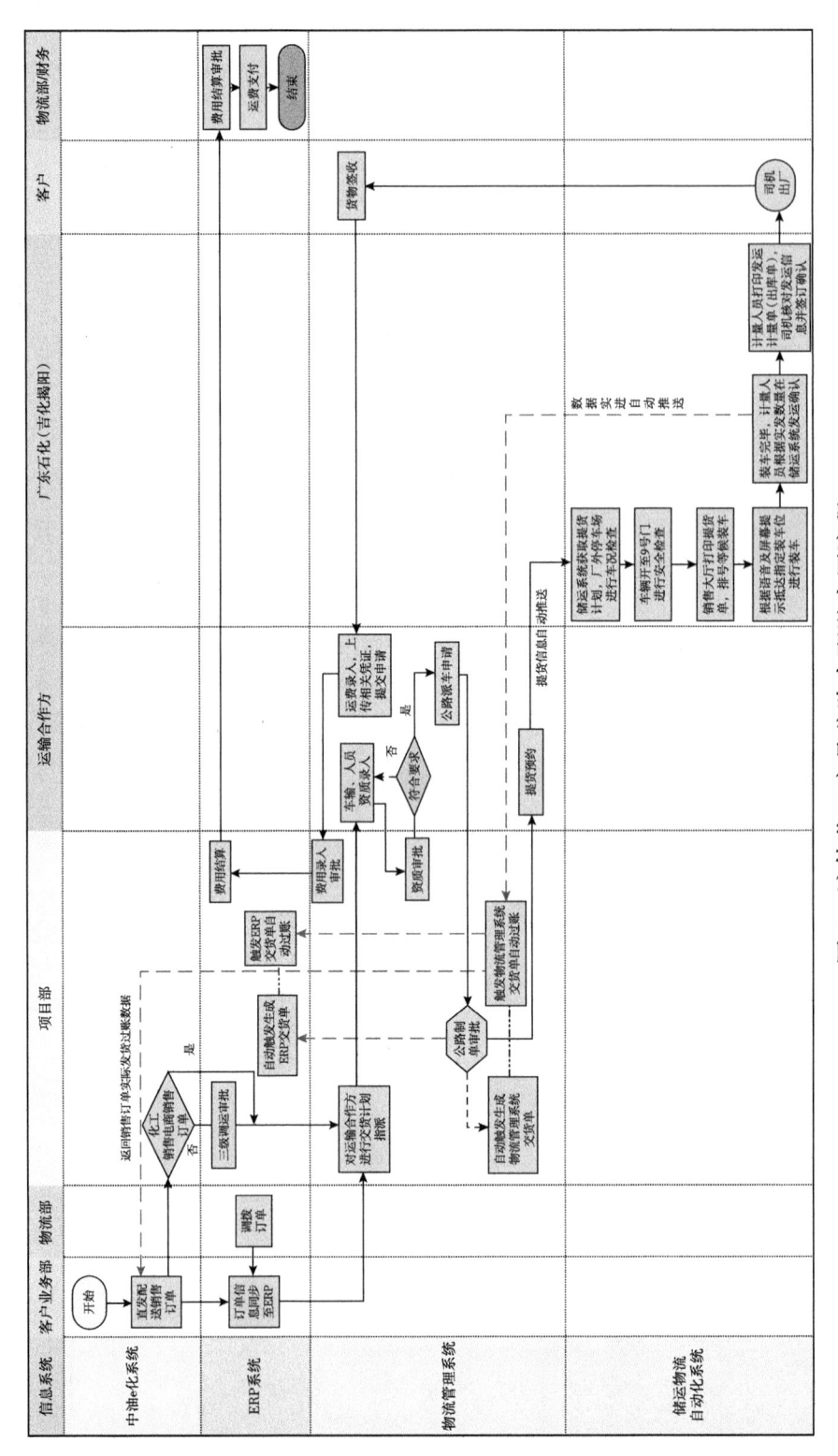

图 8 液体化工产品公路全配送出厂流程

• 80 •

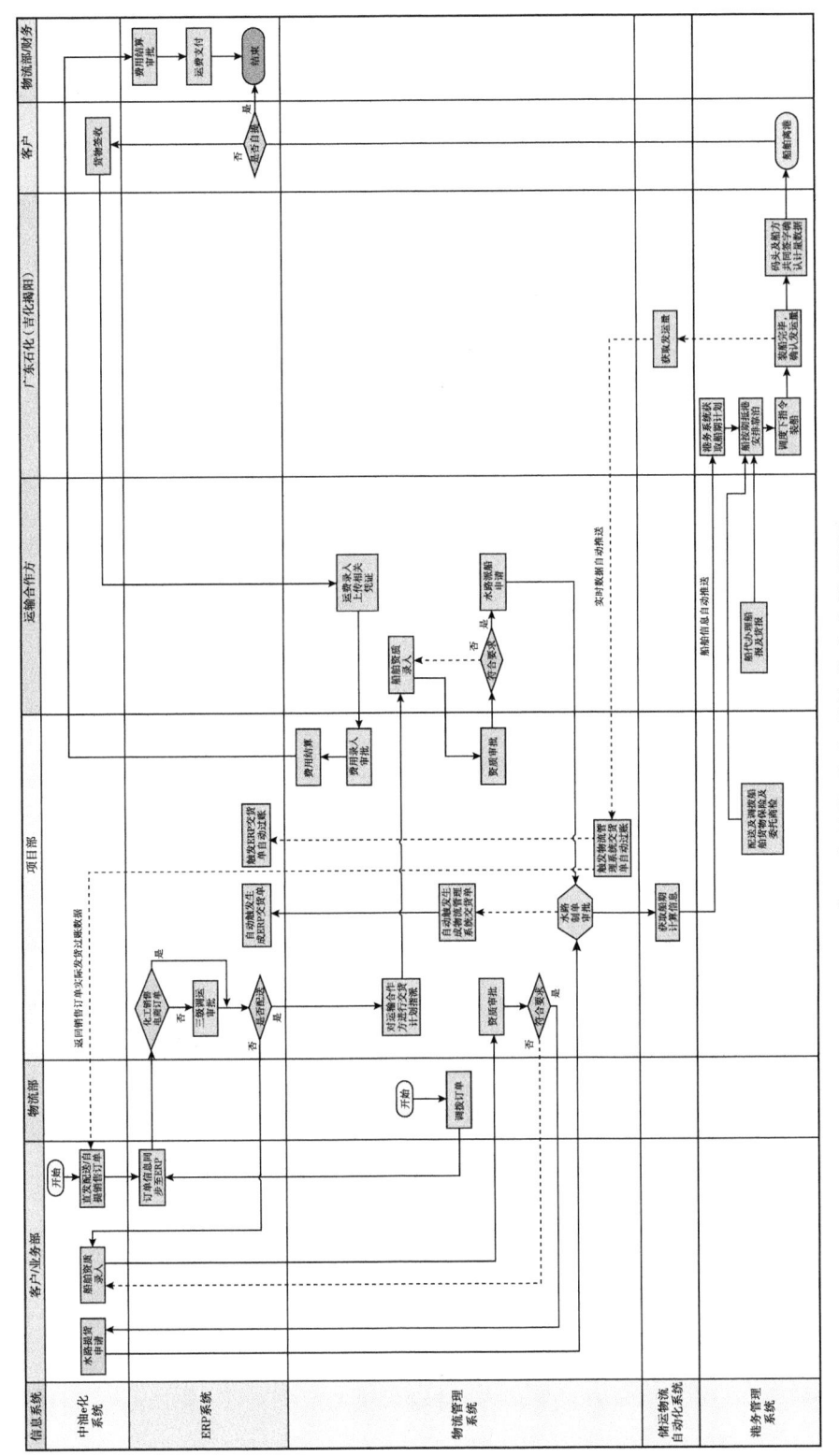

图 9 化工产品海路全系统化业务流程图

· 81 ·

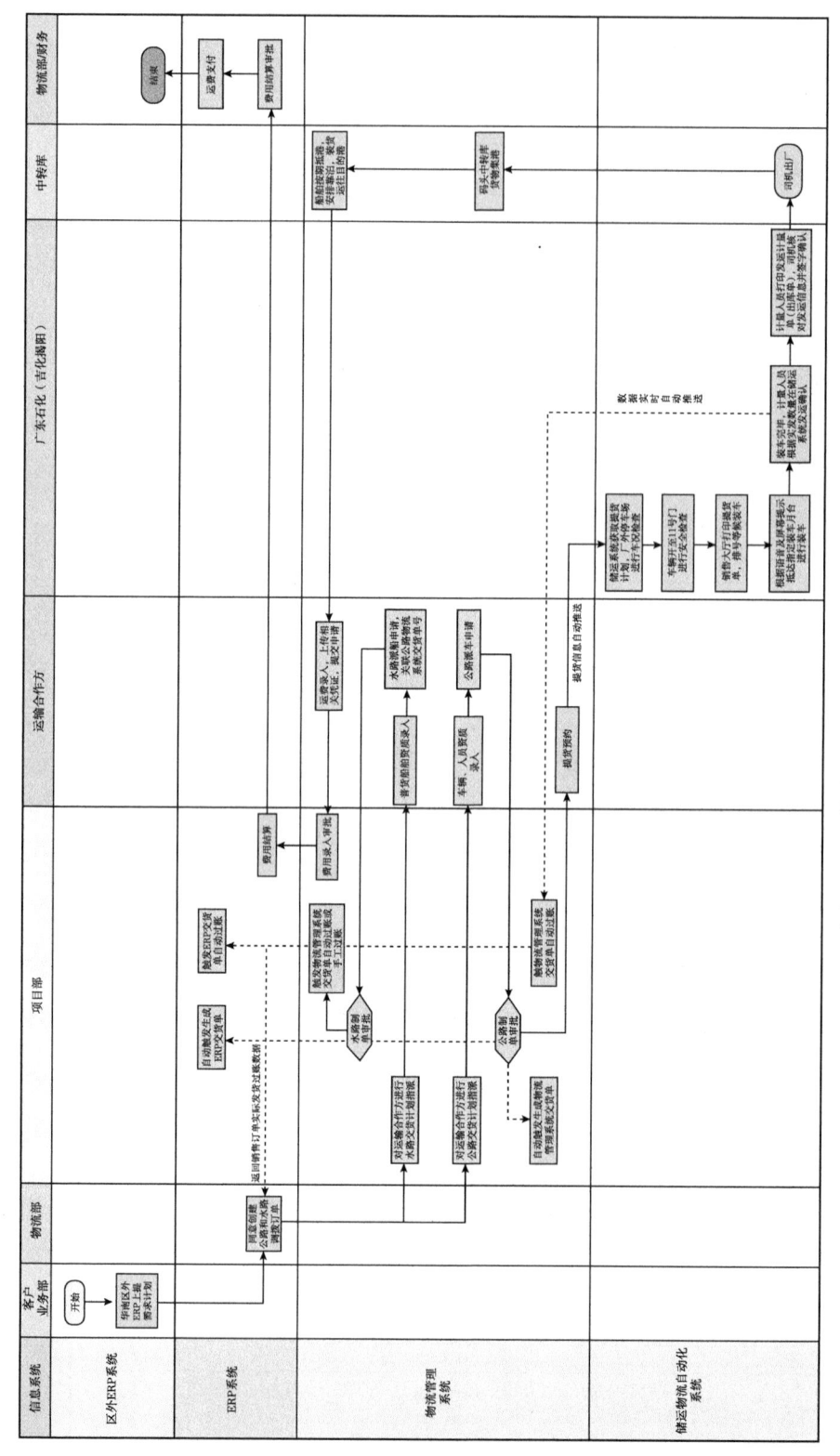

图 10 区外大区陆海联运业务流程图

场检车和传递给门卫可进厂信息;(6)司机进厂后打印提货单,系统自动排队叫号;(7)集装箱车辆到相应月台装车;(8)装车完毕,装车量由计量人员确认后传递至物流管理系统和ERP系统自动过账;(9)车辆出厂去往码头中转集港库,当中转库集装箱满足一船量,物流部指派运输合作方水路调拨单;(10)运输合作方录入普货船舶资质;(11)进行派船申请和关联公路已提货相应的交货单;(12)经审批后完成水路交货单创建;(13)船舶按期抵港、靠泊、装船出航;(14)物流管理系统发货过账并自动同步结算信息,运输合作方在物流管理系统录入水路运费;(15)销售公司进行运费及代理费审批、结算、支付;(16)结束。

6.5 基于信息系统协同下产品出厂流程设计特点

对比以往出厂流程,信息系统协同下的产品出厂流程设计特点主要体现在五个关键环节,如表1所示。

表1 信息系统协同下的产品出厂流程设计特点

业务环节	以往运行方式	目前设计特点
提货申请	传真提货委托书,并电话联系	由客户自行通过线上发起
交货单创建	ERP系统手工创建	引入承运商参与运输任务执行过程,调运人员仅根据订单给承运商提供交货计划,承运商结合交货计划安排车辆或船舶,系统自动生成交货单
司机进厂	电话通知司机,司机带身份证去调运部或生产企业制单窗口拿单子进厂	司机可通过物流系统或者微信公众号等方式预约进场提货时间
装车出库数据采集	企业库驻场人员每天统一将单据送回调运部,调运人员手工录入ERP系统	现场装车数据可实时传递到物流系统、化销ERP系统,并且实现系统根据实际装车数据自动发货过账
运费结算	根据承运商提供的发票手工录入ERP进行结算,一单一录	实现运输费用自动计算及运费审批管理。调运人员维护公路运价标准,货物配送至客户签收后,承运商核对运输费用、上传GPS截图、客户配送签收单,承运商将核对后的费用和附件提交给调运人员进行审批,调运人员对承运商提交的费用进行审批或者修改

（1）实现了无纸化出库。

利用互联网技术，取消了销售公司、承运商（提货司机）和生产企业之间繁琐的票据传递环节，从提货申请、进厂提货到出厂发货、过账，实现了全过程无纸化出库。

（2）大幅提高了出库效率。

通过提货司机预约排号的方式，从源头管控进出厂车辆，减少了司机提货的等候时间。解决了生产企业因为对装车车位使用和排队车辆情况不清晰导致的现场难以管控，资源错配和浪费的问题，提高了出库效率。

（3）极大提高调运人员工作效率。

引入承运商参与资质录入、派车申请、运费录入等线上业务流的运行执行，分担调运人员工作量。整个出厂流程，华南公司调运人员仅需进行指派承运商和制单审批两步操作，无需线下接收承运商提货委托，不用手工制交货单，不用手工录入运费结算数据，不用线下取回出厂计量单据，不用手工过账，工作量大大降低。同时由于"解放了双手"，调运人员全力协调组织运力发运产品，保障了产品顺畅发运。

7 中国石油化工销售企业未来出厂业务流程设计思路探索

化工产品出厂信息协同功能主要依托化工品物流管理系统，通过集成的方式衔接生产企业储运物流系统（一卡通系统）、化销 ERP 系统、中油 e 化等系统。目前物流系统与化销 ERP 系统、中油 e 化的数据通道已打通，推广实施该功能面临的主要问题是如何打通与生产企业的数据流转通道。经过调研中国石油 28 家生产企业，目前仅有大庆炼化、抚顺石化、辽河石化、广西石化 4 家生产企业有类似储运物流系统功能的"进出厂一卡通"系统，但除大庆炼化之外，其他企业系统建设时间较早，其系统均面临需要升级的情况。其余生产企业暂时没有支持产品出厂的专业应用系统。

7.1 针对已建"进出厂一卡通系统"的企业

可设想由化工销售企业牵头与生产企业对接，化工品物流项目组配合制定集成方案，并开展系统集成工作。生产企业"进出厂一卡通系统"需要进行功能升级的，由生产企业配套解决。出厂流程设计思路如图 11 所示。

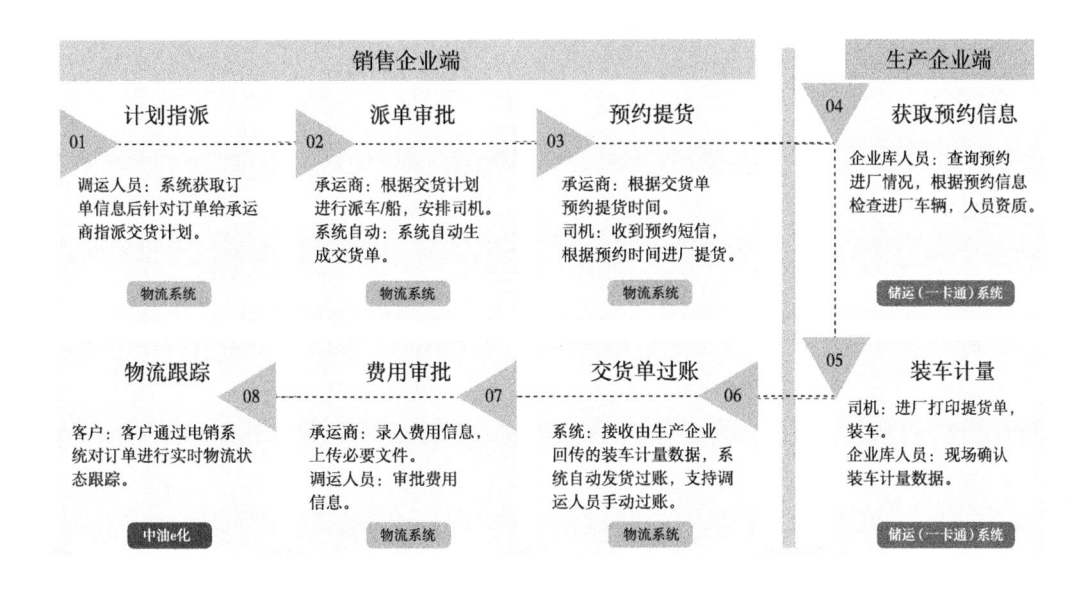

图 11　已建"进出厂一卡通系统"企业的出厂流程

7.2　针对目前没有自建"进出厂一卡通系统"的企业

可设想分两步实施：(1)扩展化工产品出厂信息协同功能范围和用户范围，新增提货计划查询、打印、装车数据录入等功能，为生产企业现场储运人员提供系统操作页面，获取产品出厂计划、录入产品装车数据等，满足产品出厂业务单据无纸化流转需要。(2)预留集成接口，后续对于具备条件的生产企业，及时通过集成方式接入。出厂流程设计思路如图12所示。

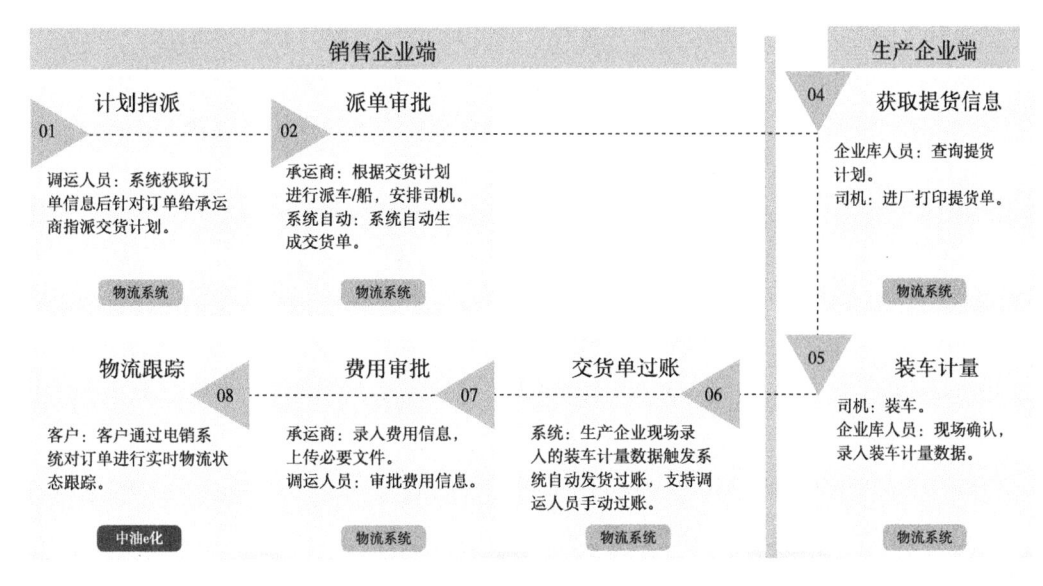

图 12　未建"进出厂一卡通系统"企业的出厂流程

8 结论

开局关乎全局，起步决定后程。广东石化（吉化揭阳）项目自2023年2月份全面开工进入生产阶段以来，华南公司各部门（单位）通力协作，通过信息系统协同应用，截至5月12日，历时83天，实现产品销售及出厂突破100万吨。其中公路平均每天发运166车，海运平均每天1船，全部实现了数字化、智能化出厂。实践初步证明，华南公司以数字化、智能化为目标，探索和实践在信息系统协同下设计广东石化（吉化揭阳）产品的出厂流程，取得了良好的效果，为中国石油化工产品智能化出厂贡献了华南智慧，对其他化工销售和生产企业出厂调运优化具有一定的借鉴意义。

参 考 文 献

[1] 周野.一本书读懂物流管理[M].北京：中国华侨出版社，2021.

影响化工销售企业利润"七要素"分析方法

房立勇

摘　要：本文基于精细管理的要求，提出了影响化工销售企业利润的"七要素"分析方法，旨在通过定量分析提升企业的效益评估和改进措施制定能力。七要素包括购销平衡、量价配比、年初库存、策略影响、买断价格、时间差异和资源供给。详细阐述了每个要素的设计原理、计算公式、解释说明及计算实例，强调了数据驱动和定量分析的重要性。通过实际应用，企业可以更好地识别利润波动的原因，优化销售策略，提升整体经济效益。

关键词：化工销售；利润分析；七要素；精细管理

根据精细管理的要求，文章对影响化工销售企业利润的因素进行了归纳和研究，现确定为"七要素"。本着"简单化、公式化、可量化"的理念，编写了"设计原理、公式、解释说明和计算实例"。

使用者要把"七要素"分析方法应用到本单位的经济活动分析中，以提升对本单位的效益组织和创效能力评估水平；进一步总结工作经验，查找创利薄弱点，同时有针对性地拟定改进措施；采取"用数据说话、定量分析"的方法，提高单位对部门利润完成结果分析结论的技术支撑力。在实际应用中，可以根据自身个性化需求，对"七要素"进行完善和拓展。

1　影响化工销售企业利润的"七要素"

（1）影响化工销售企业利润"七要素"为：①购销平衡；②量价配比；③年初库存；④策略影响；⑤买断价格；⑥时间差异；⑦资源供给。

（2）主客观因素划分：原则上把"购销平衡、量价配比、年初库存、策略影响"四个要素确认为主观因素；把"买断价格、时间差异、资源供给"三个要素确认为客观因素。对年初库存的预留是以前年度的一种经营行为，故暂定为主观因素。

2 "七要素"分析方法

2.1 "购销平衡"要素分析

(1)设计原理。

①是基于对货物出流(实现销售)时点的销售价格与货物采购(购入成本)时点的买断价格进行对比,并计算对本单位效益的影响。

②对于销售货物的采购时点确认,在实际中很难做到按批次一一对应到具体的采购批次,因此公司采取了简化的、按月分段、并遵从"后进先出"的营销惯例假设,通过计算来推定出货时点。具体是在货物实现销售月份中,对于销售货物的采购时点,首先确认为是对本月采购货物的销售;只有在当月购销率超过100%时,对超过本月采购量的销售部分,再依次向前推定,确认为对前期采购留下的货物的销售。

③"购销平衡"要素主要用于评估出现"月份购销率"超过100%时,即降库时,库存较月初下降部分对当月效益实现的影响。还可以用于评估销售主体对市场预期的判断能力,即销售主体依据对市场的研判,主动决策预留库存商品在以后期间进行销售,在实现销售月份,可以用式1来评估其是否按预判、如期实现了创效。

(2)设定公式。

公式如下:

$$购销平衡效益影响额 = \sum[(P_{销} - P_{购})S] \quad (1)$$

式中 $P_{销}$——当月平均销价;

$P_{购}$——所销售货物对应采购月份的购入价格;

S——所销售货物消耗对应采购月份留下的库存量。

对公式的解释说明如下。

①式(1)是一个加权求和公式,当加权的个数取决于当月销售时,需要推定消耗以前月份留下库存的月份个数。

②在基于考虑月份销售业务较多的情况下,将式(1)中的"$P_{销}$"设定为当月的平均销售价。如果各销售主体在对以前月份留下的存货进行处理决策时,

是按批次——对应的理念决策的,也可以采用固定销售批次的销售价格。

③将公式中的"$P_{购}$"设定为采购月份的购入价格,主要是为了将分析评估结果(对效益的影响额)与单位决算数据相对应(只要实现了销售,效益就真实地计入到单位的决算中,不会再改变了,只是实现的利润可能会分散到本年度以前的不同月份中,以及摊薄或摊高期末库存的成本)。有的单位将$P_{购}$拟设定为购入月份的平均销售价格,用来体现"如果在购入当月实现了销售和现在真正实现的销售,进行对比、分析效益差异"的理念,也是可以的,应该是想把"或有收益"的概念融入营销管理分析中。不同企业可以根据需求选择。

(3)"购销平衡"要素分析计算实例。

对201X年1季度产品购销平衡的要素分析,如表1所示。

表1 产品201X年1季度"购销平衡"要素分析表

201X年各月末库存结构			3月份降库对当月效益的影响				
时间	库存量	购入价	3月末库存推定的购入时间	3月份降库量推定的购入时间	购入价	3月份平均销价	与3月份销价比增减利(万元)
合计			465	953			-42
年初	810	8450	465	345	8450	7810	-19
1月末	1267	8275	0	457	8275		-18
2月末	1418	8190	0	151	8190		-5
3月末	465	7734					

以上实例仅分析该品种3月份出现购销率超过100%时,对降库部分产品进行销售,对3月份当月的效益影响。以上价格均为含税价格,通过"购销平衡"要素分析,3月份降库销售以前月份采购货物,合计销售953吨,减利42万元,吨毛利-515元/吨(含税)。

2.2 "量价配比"要素分析

(1)设计原理。

①在一个周期内,由于销售时点和节奏的不同,会产生不同的量价配比结果。通过将实际月份平均销价与有效工作日内公司确定的相应区域每日市场价格的本月简单算数平均值对比,计算对本单位效益的影响。

②有效工作日是指与盘点和结算日相对应的天数,不包含法定假日和正常周末休息日。

③该要素分析同时也是对销售均衡性的一种评估。

(2)设定公式。

公式如下:

$$量价配比效益影响额 = (P_{销} - P_{价})S_{销} \quad (2)$$

式中 $P_{销}$——当月平均销价;

$P_{价}$——盘点结算日内公司确定的日销售价格的平均价格;

$S_{销}$——本月实际销量。

对公式的解释说明:如果为了避免在多因素分析时数据交叉,当月购销率超过100%时,对于"$S_{销}$"可以取当月的采购量进行计算。

(3)"量价配比"要素分析计算实例。

对201X年1月份产品量价配比的要素分析,如表2所示。

表2 产品201X年1月份"量价配比"要素分析表

	项目	1月份				
价格信息	调价日	上月末转	1	5	9	16
	有效天数	1	2	2	5	10
	市场价格	18100	18600	21200	21500	23300
	量价配比均衡性天数	1	2	2	5	10
	量价配比均衡基础数	18100	37200	42400	107500	233000
	量价配比均衡理论价	21910				
销售情况	销售量	267.4	293.9	509.9	1388.1	1580.9
	销售收入	4839759	5466354	10810092	29843720	36834970
	实际外销价格	21730				
结论	量价配比影响利润(万元)	-62				

以上实例仅分析该品种1月份的量价配比情况,1月份共销售了4040吨,未完全达到理论的均衡销售。由于量价配比一般,导致当月减利62万元,吨毛利-180元/吨(含税)。

2.3 年初库存要素分析

(1)设计原理。

此要素仅用于对年度整体效益的评价，采取的方法是将年初库存成本与分析期末月份的购入价格进行对比分析，并计算对本单位效益的影响。在对比时要进行量变，即分析期末比年初库存下降时，和价变影响的分析。如对年初存货跌价准备有转回的，在分析结果上应将对年初跌价转回额视同年初库存增效。

(2)设定公式。

①当分析期末库存量高于年初库存量时：

$$年初库存效益影响额 = (P_{末} - C_{初})S_{初} + 年初存货跌价转回 \qquad (3)$$

式中　$P_{末}$——分析期末月份的购入价；

$S_{初}$——年初库存量；

$C_{初}$——年初库存的单位成本。

②当分析期末库存量低于年初库存量时：

$$年初库存效益影响额 = (P_{末} - C_{初})S_{末} + 年初跌价转回 + (P_{销} - C_{初})(S_{初} - S_{末})$$
$$(4)$$

式中　$P_{销}$——年度内平均销价；

$S_{末}$——分析期末库存量。

解释说明：在计算时，要将价格统一到含税价或不含税价后再进行计算。在进行多因素分析时可能会与购销平衡要素有交叉。

2.4 "策略影响"要素分析

(1)设计原理。

只有在市场大幅波动和采取特殊的销售或结算方式时，才会涉及"策略影响"要素，如出现挂翻牌差异过大，实行长约合同价格等情况。由于采取的策略各异，暂无法定量确定统一公式。

(2)解释说明。

①由于对采取"策略"的定性和决策较敏感，因此应加强事前与上级部门的沟通。征得上级部门同意，才能真正确认为"策略影响"要素，并可获得政策支持。部分要素也可以由主观因素转化为客观因素。如未征得同意，只能视

同销售主体因自身销售能力的不足而采取的应急处理措施,被视作主观因素。

②如为长期应用的策略,要尽可能争取与同产品的其他销售方式、结算方式相剥离,要申请单独的物料代码和单独核算。

2.5 "买断价格"要素分析

(1)设计原理。

①基于公司确定的本区域市场价格是符合区域市场的公允价格的假设。

②公司对板块下达的该品种综合加权买断价格,已经按照销售半径的不同,实行了还原与拆分,并进行了贴水调整。

③在公司确定的日销售价格基础上,已经定量扣除了公司承担的单位运杂费。

④通过将买断周期内公司确定的相应区域的每日市场价格,计算简单的算数平均值,来与还原与拆分,实施贴水调整后的买断价格进行对比,并计算对本单位效益的影响。

(2)设定公式。

公式如下:

$$买断价格效益影响额 = (P_{销} - C_{运} - C_{营} - P_{买} + C_{贴})S_{购} \quad (5)$$

式中 $P_{销}$——按板块规定时间间隔,依据公司确定的区域(方式)有效工作日销售价格,采取简单算数平均计算出的月平均价格;

$C_{运}$——具体产品的月实际单位运杂费;

$C_{营}$——板块规定的企业留利;

$P_{买}$——板块下达的具体产品的月份综合买断价格;

$C_{贴}$——计算后的贴水调整额(不是公司下达的贴水标准,而是公司每月组织各单位通过综合计算后,计算出的各单位的该类别产品具体的调整额);

$S_{购}$——本期购入量。

(3)解释说明。

①板块确定本月买断价格的周期,一般为上月的24日至本月的23日。

②本要素分析的是买断价格对当月效益的影响,因此当月购销率小于100%时,"$S_{购}$"取当月销量进行计算。

③"买断价格"要素分析增利,实质性原因:一是,公司在本区域市场有

话语权，确定的销售价格高于同行业；二是，中国石油产品质量优良、市场信誉度好，市场价格就高于同行业。

④"买断价格"要素分析减利，实质性原因：一是，与以上相反；二是，板块取价点与我公司实际主销区域出现偏离。

（4）"买断价格"要素分析计算实例。

对201×年1月份产品优等品买断价格要素分析，如表3所示。

表3 产品优等品201X年1月份"买断价格"要素分析表

项目		1月份					
价格信息	调价日	上月末转	3	9	12	16	19
	有效天数	1	4	3	2	3	7
	市场价格	18900	19600	21100	22100	22900	23400
	计算购入价格天数	5	4	3	2	3	4
	计算购入价格基数额	94500	78400	63300	44200	68700	93600
	计算购入价格	21081					
	板块下达买断价	20192					
	进行贴水调整后买断价	20172					
采购	月采购量	900					
销售	销售量		256		108	306	137
	销售收入	0	5017600	0	2386800	7007400	3205800
	实际外销价格	21831					
分析	买断价偏离影响利润（价格低增加利润为+）	57					

注：1.平均运杂费17元/吨（含税）；2.计算后贴水额为20元/吨（为调减板块综合买断价值）；3.由于当月采购量大于当月销售量，取当月销量进行计算。

以上实例仅分析该品种1月份买断价格对当月利润的影响情况。1月份对该产品共采购了900吨产品，在当月实际销售了807吨，当月的购销率小于100%，因此用当月的销量参与计算。由于当月买断价格低于按公司日销价计算的购入价格，因此由于"买断价格"要素导致本单位在1月份增效57万元、吨毛利828元/吨（含税），属于客观性增利。

2.6 "时间差异"要素分析

（1）设计原理。

①主要是为了解决由于板块定价周期与实际盘点结算周期的不一致，产生的对当月效益的影响。

②该要素的设计原理是基于公司确定的本区域市场价格是符合区域市场的公允价格的假设。

③通过将买断周期内的"公司确定的相应区域的每日市场价格进行计算简单算数平均值"，来与实际盘点结算周期的"公司确定的相应区域的每日市场价格进行计算简单算数平均值"（相当于量价配比均衡价）对比，并计算对本单位效益的影响。

（2）设定公式。

公式如下：

$$时间差异效益影响额 = (P_0 - P_1) S_销 \tag{6}$$

式中　P_0——盘点结算期间公司确定的日销售价格的平均价格；

P_1——板块定价周期内公司确定的日销售价格的平均价格；

$S_销$——当月实际销量。

（3）解释说明。

①板块确定本月买断价格的周期一般为，上月的24日至本月的23日。实际盘点结算周期一般为，上月末最后一天至本月末前一天。

②如当月购销率大于100%，$S_销$取当月的购入销量进行计算。

③采取"时间差异"要素分析出来的增利或减利，本应随着时间的推移，在一年内或一定周期内相互抵消或逐渐消失。但是如果出现以下两种情况"时间差异"将演变成"永久差异或长远差异"。一是，市场价格变化在年度内呈单边下滑走势，即市场价格曲线形态不为正常的波峰或波谷波动态势，呈单边斜线下行的态势。因此在上一个月产生的"时间差异"，就无法在本年度下一个周期内给予相互抵消。二是，由于阶段性生产或资源供应不连续，本应是正常的波峰或波谷波动的价格走势，在价格上升期因无资源供应量，导致可供实际销售的期间价格走势，演变成了单边下滑态势。

（4）"时间差异"要素分析计算实例。

对201X年3月份产品时间差异要素的分析如表4所示。

表4 产品201X年3月份"时间差异"要素分析表

项目		3月份								
价格信息	调价日	上月末转	1	2	6	10	14	22	24	28
	有效天数	1	1	2	4	2	6	2	2	3
	市场价格	23600	22600	22700	21700	20500	18900	18400	16500	15300
	计算购入价格天数	3	1	2	4	2	6	2	0	0
	计算购入价格基数额	70800	22600	45400	86800	41000	113400	36800	0	0
	计算购入价格	20840								
	量价配比均衡性天数	1	1	2	4	2	6	2	2	3
	量价配比均衡基础数	23600	22600	45400	86800	41000	113400	36800	33000	45900
	量价配比均衡理论价	19500								
	实际购入价格	19962								
	内部调整购入价格	19946								
销售	销售量		53	35	9	3	125		21	60
	销售收入		1197800	794500	195300	61500	2362500	0	346500	918000
	实际外销价格	19203								
分析	时间性差异利润	−35								

注：1、3月份计算的贴水调整值为16元/吨（含税）。

以上实例仅分析该品种3月份"时间差异"对当月利润的影响情况，3月份对该产品共销售了306吨，当月的购销率小于100%，因此用当月的销量参与计算。由于市场从上月最后一周起开始下滑，一直持续到本月末，因此产生了时间差异，因此由于"时间差异"要素导致本单位在3月份减利35万元，属于客观性增利。

2.7 "资源供给"要素分析

（1）解释说明。

①此要素一般分为"资源供给不足"和"资源供给超配"两种情况。

· 95 ·

②"资源供给不足"又分为"有生产计划的"和"突发式"两种。

③对于"有生产计划的资源供给不足"各销售主体应该在安排月度销售计划时已进行统筹考虑，因此对公司整体效益无影响；另外公司在对各销售主体利润指标完成值考核时，经申报、审核后，给予实施"滚动预算调整"，因此对各主体利润指标考核也无影响。

④对于"突发式资源供给不足"各销售主体在安排月度销售计划时，应该是未考虑到，但是如果赶上市场价格走势处于下滑期，对公司及各主体均是利好；但是如果正赶上市场价格走势处于上升期，将影响到公司效益的实现，如影响较大应及时向上级部门反映，争取获得买断价格修正。

⑤如发生"资源供给超配"数量较大时，应提前注意、各销售主体应结合对未来市场的预判，提出建议和营销策略，如"留存货物、择机销售获利""申请改变买断方式""汇报申请调低买断价格"等方式、方法。

（2）其他。

"资源供给"事宜，产生原因及影响程度各不相同，不适用公式评估，只能采取一事一议的方式评估分析。

3　结论

"七要素"分析方法还存在一些不尽完善的地方，仅供使用者参考、借鉴，希望能够助力和服务于企业实施"精细管理"和提升经济活动分析质量。

竞价销售模式在销售中的应用与成效
——以汕头分公司为例

房立勇　冯灵雄　舒海东　蒋润生　李佳煜

摘　要： 随着广东石化项目的顺利试车投产，中国石油华南化工销售公司（以下简称华南化工销售公司）合成树脂的协议品产品配置呈现大幅增长。面对这一新形势，按照华南化工销售公司部署，中国石油华南化工销售汕头销售分公司（以下简称汕头分公司）以提质增效为核心目标，依托中油e化平台竞价销售模式，深度融合传统协议品产品销售的丰富经验。经过不懈的学习研究、积极的探索实践以及持续的总结提升，汕头分公司已构建起一套成熟且完善的竞价销售体系，实现了销售质量的跨越式提升。不仅有效防范了企业效益的流失，更为今后合格品营销模式的创新奠定了坚实基础。

关键词： 竞争销售模式；提质增效；合成树脂

随着全球经济格局调整和我国经济高质量发展，化工行业面临产能扩张、市场竞争加剧等挑战。汕头分公司在广东石化项目投产后，传统销售模式难以适应新环境。信息不对称、操作不便、客户投诉频发等问题制约了销售效率和质量。为此，汕头分公司依托中油e化平台的竞价销售模式，旨在通过公开、公平、公正的竞拍方式，打破信息壁垒，提升销售效率和质量，为企业的长远发展奠定基础。

1　研究背景

在全球经济格局深刻调整的大背景下，单边主义和保护主义的盛行使得国际环境日趋复杂，不稳定与不确定因素层出不穷。与此同时，我国正处于高质量发展阶段，经济转型升级的步伐稳健有力。然而，2022年至2024年，化工市场迎来了前所未有的竞争浪潮，合成树脂产能急剧扩张，市场格局面临深刻调整。在这一波澜壮阔的市场变革中，民营企业迅速崛起，进口产品与多元化市场中产品之间的竞争日趋激烈，原料供应、市场主体及商业模式正经历着前所未有的变革与重塑。

作为华南化工销售公司重要的分公司，汕头分公司在这场市场变革中既面临着挑战，也迎来了机遇。特别是随着广东石化项目的全面建成投产，汕头分公司每月需销售2000吨以上的协议品，销售压力巨大。然而，在当前的协议品销售过程中，汕头分公司面临着诸多挑战。

（1）信息不对称、不公开的问题日益凸显。传统的定向销售模式虽然直接，但销售渠道过窄，导致信息流通不畅，客户难以获取全面、准确的产品信息。这一问题不仅影响了客户的购买决策，也增加了销售过程中的不确定性。同时，由于信息不公开，还可能存在暗箱操作的风险，严重损害了公司的市场声誉和客户信任。

（2）系统操作不便也是制约销售效率提升的关键因素。线下竞拍模式虽然能够吸引更多客户参与投标，但由于客户分散、投标不便，销售过程繁琐低效。上海交易中心平台的线上竞拍系统虽然为投标提供了便利，但其与公司ERP系统并不互通，销售人员和客户在操作中仍需跨平台切换，增加了操作难度和复杂性。

（3）客户投诉频发更是成为制约销售质量提升的重要因素。由于产品质量欠佳、服务不到位等，客户对公司的产品和服务产生不满，纷纷提出投诉。这不仅影响了公司的市场声誉，更可能对长期稳定的客户关系造成不良影响。

面对这些问题，汕头分公司决定积极探索新的销售模式。在此背景下，中油e化平台的竞拍模式应运而生。这一模式旨在通过公开、公平、公正的竞拍方式，打破信息不对称、不公开的壁垒，提高销售效率和质量。同时，中油e化平台还将与公司的ERP系统进行深度融合，实现信息的无缝对接，提高操作的便捷性，进一步提升客户满意度和忠诚度。

2022年9月起，汕头分公司全面推进中油e化平台的竞拍模式，以应对当前市场的挑战，把握未来发展的机遇。汕头分公司期望能够通过这一模式的实施，实现更多效益、提升销售效率、减少客户投诉，为公司的长远发展奠定坚实基础。

2 主要措施及做法

2.1 制定竞价销售实施方案

鉴于现行的《中国石油华南化工销售公司竞价销售业务管理办法（试行）》无法完全满足广东石化项目协议品产品的竞拍需求，华南化工销售公司提出了由汕头分公司负责起草竞价销售实施方案的初稿。汕头分公司将积极与市场营销部进行深入沟通，针对方案中的名词定义、销售模式、各方职责及竞价销售流程等核心内容进行细致探讨，确保各方职责明确，为后续的竞价销售提供坚实的理论指导。

在充分准备和多次现场对接的基础上，汕头分公司将与市场运营部、物流部、企管法规部、业务一部、业务二部、业务三部等相关部门，以及广东石化产品调运项目部、广东石化营销中心等单位共同协作，精心编写《广东石化聚烯烃协议品产品、试车产品竞价销售实施方案》及其修订版。同时针对吉化揭阳项目协议品产品竞价销售制定专门的实施方案，确保方案的科学性和可操作性。

这些实施方案旨在进一步规范华南化工销售公司关于广东石化项目协议品产品的竞价销售业务管理，探索多元化的产品销售模式，有效控制经营风险。汕头分公司将在开展线上协议品产品竞价交易的前一个工作日，编制详尽的销售方案，并在竞拍当天提交至公司价格管理委员会进行审议。销售方案将涵盖竞价类型、竞拍标的、竞拍总量（包括分拆竞价的具体安排）、标的物储存地、最小交易量及价格跳动的具体规定、起拍价格、现场验货时间、竞拍时间等关键要素，确保方案的科学性、严谨性和可执行性。

销售方案经公司价格管理委员会审议通过后，营销价格处负责将相关内容形成会议纪要，确保方案得以顺利实施，为公司的竞价销售活动提供有力支撑。

2.2 严格界定产品质量标准

针对客户可能因竞拍产品质量和包装问题而对销售企业提出追责和索赔的问题，为确保销售过程的质量纠纷最小化，必须对产品质量进行严格确认。对于已有出厂标准的产品，应严格按照标准执行。对于无明确出厂标准的产品，汕头分公司建议在竞拍前明确产品质量标准，并在竞拍成功后与客户签订合同，明确双方对质量及包装问题的责任划分。客户应放弃因质量、包装等问题对卖方进行追责和索赔的权利。

竞拍前 3 天，广东石化营销中心将提供协议品产品的具体批次、数量及质检单。汕头分公司在竞拍前需将竞拍牌号、数量及对应产品的质检单告知客户。竞拍成功后，将按批次向竞得客户发货，竞得客户需接受所分配产品的批次，不得挑选批次，并应在合同中明确放弃因质量及包装问题对卖方进行追责和索赔的权利。

通过上述措施，我们将确保产品质量标准的明确性，降低销售过程中因质量问题引发的纠纷风险，为公司的竞价销售活动提供坚实的质量保障。

2.3　严格界定竞拍客户范围

竞价销售持续开展后，客户群体趋于稳定，汕头分公司意识到可能存在客户围标的风险，即部分客户可能通过串通投标的方式限制竞争，排挤其他投标人，从而损害企业的利益。围标行为不仅违反公平竞争原则，也严重损害市场的健康发展。因此，汕头分公司决定对竞拍客户范围进行规范，以防范围标现象的发生。

针对当前协议品竞拍客户仅限于华南化销公司统销客户，导致部分有意愿参与的扩销客户无法参与竞拍的问题，汕头分公司提出以下优化措施。

（1）汕头分公司将与中国石油华南化工销售公司的所有统销客户进行深入沟通，鼓励他们积极参与竞拍活动。对于有意愿参与竞拍的客户，汕头分公司将及时通知昆仑银行工作人员，协助其完成开户手续，确保其具备竞拍资格。

（2）汕头分公司将积极拓展扩销客户群体。通过与客户沟通，了解其参与竞拍的意愿，并引导其提交申请，转为能够参与竞拍的客户。汕头分公司将及时协助这些客户完成开户手续，让这些客户能够顺利参与竞拍。

（3）汕头分公司还将积极寻找并吸引潜在竞拍客户。通过向他们介绍竞拍规则和市场前景，不断扩充竞拍客户数量，降低流拍的风险。

对于竞拍成功后拒不执行竞得结果或执行过程中出现违约行为的客户，汕头分会直接将其列入黑名单，并禁止其参与未来的竞拍活动，以维护竞拍活动的公平性和市场秩序。

通过扩大竞拍客户群，汕头分公司不仅能够稳定并拓展销售渠道，提高竞拍成交率和竞价销售工作的持续性，还能够降低网上竞拍存在的风险，为企业创造更大的经济效益。同时，汕头分公司也将加强对竞拍活动的监管和管理，确保竞拍活动的公平、公正和透明。

2.4 精细控制单次竞价产品数量

在确定竞拍数量时，汕头分公司会展开深入的市场调研和数据分析，综合考虑市场需求、客户采购能力及风险防控策略等多重因素。

在市场需求平稳或相对低迷的时期，分公司将采取谨慎策略，精准控制单次竞拍的产品数量。避免因竞拍数量过多导致客户采购意愿降低，进而减弱报高价的积极性。这种做法旨在维护竞拍的活跃度和公正性，确保竞拍结果符合预期，实现效益与风险的平衡。

而当市场需求旺盛时，分公司将根据市场反馈和实际需求，适时调整竞拍策略。如适当增加竞拍频次或适度增加单次竞拍的产品数量，进而满足客户的采购需求。这种灵活且科学的策略调整，有助于提升竞拍的吸引力同时也提高了成交效率，进而实现销售效益的最大化。

经过一年多的实践经验总结与数据分析，汕头分公司已经形成了一套行之有效的加量加价竞拍模式。单次竞拍的产品数量控制在150~300吨，起拍量设为30吨，每次加量也为30吨。在此模式下，客户在竞拍总量范围内，可选择以30吨的倍数为单位进行竞拍。竞拍结果遵循"价高者得"的原则，数量优先分配给报价最高的客户，若报价相同，则根据提交时间先后确定成交顺序。这种竞拍模式不仅提高了销售效率，还为公司带来了显著的经济效益。同时，该模式也增强了客户对竞拍活动的信任，提高了参与竞拍的积极性，为公司的长远发展奠定了坚实基础。

2.5 适时开展竞价销售

在市场上行期，客户竞拍热情高涨，加价积极，竞拍成交价格自然水涨船高。在市场下行期，客户则可能持观望态度，参与度相对较低。因此，汕头分公司需要根据库存状况、市场需求，以及市场走势等多重因素，灵活选择最佳的竞拍时机，以实现效益最大化，同时避免潜在的损失。

为提高竞拍效率，汕头分公司决定对竞拍时间进行优化调整。原先时长为1小时的竞拍时间，现已缩短至30分钟，并固定在上午10：00~10：30和下午14：00~14：30两个时间段进行。这一调整旨在提升竞拍的紧凑性和效率，让整个竞拍过程更加高效、有序。同时，缩短竞拍时间也有助于激发客户的竞拍热情，进一步推动竞拍价格的上升。

这一销售策略的优化，不仅体现了汕头分公司对市场动态有着敏锐的洞察力，也展示了汕头分公司在提升销售效益和客户满意度方面做出的持续努力。

2.6 科学制定起拍价

在科学制定协议品产品起拍价的过程中，汕头分公司深入研究各石化企业的定价机制，结合广东石化及吉化揭阳分公司的实际情况，提出了以下科学合理的建议。

（1）为确保起拍价既能激发客户竞拍热情，又能实现价格发现，汕头分公司参考了主流石化企业的销售模式，以同类产品的市场价格为基础，经过多次竞价的经验总结，制定了起拍价的公式。

（2）为提高起拍价的制定科学性，汕头分公司充分考虑了合格品与协议品之间的质量差异，并在定价过程中予以体现。针对广东石化项目，起拍价设定为对标牌号合格品市场价减去一定金额（广东石化聚丙烯和聚乙烯起拍价调整为对标牌号合格品市场价减300元/吨，其中包含预估运费）以确保价格具有市场竞争力。

（3）针对吉化揭阳分公司的协议品，汕头分公司根据产品质量等级，制定了不同的起拍价策略。对于ABS和SAN协议品，建议的起拍价均低于同类产品的市场价格，并设定了明确的基准价，以便客户在竞拍时能够清晰了解价格依据。调整的具体内容如下：

①价格调整与分类：吉化揭阳分公司ABS与SAN协议品按质量等级分类，建议起拍价分别低于相应基准价500元/吨、800元/吨和1000元/吨，确保不同质量等级的产品有合理的价格区间。

②基准价确定：ABS与SAN协议品的起拍价格基准价分别确定为竞价日前一月华南公司吉林石化吉林0215A和2437的结算算术平均价，确保基准价的时效性和准确性。

最后，为应对可能出现的流拍情况，汕头分公司提出了组织再次竞价的方案。再拍时，适当降低价格，吸引更多客户参与竞拍，聚丙烯和聚乙烯协议品降100元/吨，ABS和SAN树脂协议品降300元/吨。同时，对于特殊情况的处理，建议由相关石化单位及销售分公司共同商议，确保定价策略的灵活性和适应性。

2.7 规范中标规则，提升竞拍成交率

在当前的规章制度中，要求三家及以上客户参与并出价才能判定竞拍成功。在实际操作中，特别是在市场行情低迷时，这样的规章制度往往会导致竞拍流拍现象的频发。汕头分公司从过往的流拍经验中观察到，这一规定降低了竞拍的成交率，特别是在客户参与度不高，出价意向减弱时，即便有客户出价，也会因规则限制而导致流拍，这不利于实现竞拍的有效成交。

为此，汕头分公司结合近几个月的竞拍实践，提出了优化竞拍成功所需的客户参与数和出价数的要求，具体措施如下。

（1）参考宁夏煤业有限责任公司、中国中化、巨正源股份有限公司等企业在竞拍中采用的"最少三家参加，一家及以上出价"即可中标的模式，汕头分公司建议中油e化平台采用类似的中标模式，即只要有三家及以上客户缴纳保证金参与竞拍，即便只有一家客户出价，也应判定竞拍成功。这一调整旨在降低竞拍门槛，提高客户参与竞拍的积极性，减少因规则限制而导致的流拍现象。

（2）为确保竞拍的公平性和透明度，汕头分公司建议对竞拍过程进行全程监控和记录。确保每一轮竞拍都符合规定，并及时公开竞拍结果。同时，对于可能出现的异常情况或争议，建立相应的处理机制，确保竞拍活动的顺利进行。

（3）汕头分公司将根据市场变化和客户需求，不断优化和完善竞拍规则，以适应不断变化的市场环境，提高竞拍的成交率和客户满意度。

通过规范中标规则、优化竞拍成功的客户参与数和出价数要求，以及加强竞拍过程的监控和记录等措施，汕头分公司有效提升了竞拍的成交率，促进了市场的健康发展。

2.8 增设竞拍延时规则，促进公平交易与价格发现

当前竞拍过程中，客户往往集中在竞拍结束前的最后一分钟进行出价，导

致竞拍过程存在较高的不确定性，且最后一分钟的盲拍状态下进行竞拍，可能会使竞拍结果不够科学和公正。为优化竞拍流程，提升竞拍的公平性和透明度，汕头分公司建议引入延时竞拍功能。具体措施如下：

（1）设定竞拍的前 15 分钟为正常竞拍时间。在此期间，客户可以自由出价，竞拍系统实时更新竞拍价格。这有助于客户充分了解和评估竞拍形势，做出更明智的决策。

（2）当竞拍进入最后 15 分钟时，将启动延时竞拍机制。在此阶段，如有客户提出新的竞拍价格，竞拍时间将自动延长 1 分钟。这一机制旨在鼓励客户在竞拍后期继续参与竞拍，避免最后一分钟的集中出价和盲拍现象。

（3）延时竞拍机制可以使竞拍实际时长超过原定的竞拍时长。只要有新的出价出现，竞拍时间就会相应延长，直至无人再出价为止。这种方式有助于更充分地挖掘竞拍品的价值，促进更高价格的发现。

通过引入延时竞拍功能，不仅可以优化竞拍流程，提升竞拍的公平性和透明度，还可以激发客户的竞拍热情，促进市场的健康发展。同时，这也有助于企业更好地实现竞拍品的价值发现，为企业带来更大的经济效益。

2.9　规范竞得客户付尾款、开单下流向及自提提货时间，优化竞拍流程

目前，竞拍规则要求竞得客户在当天 16 点前完成全部货款的支付，并且要求其当天完成开单下流向。这一规定在实际操作中给客户销售带来了较大的困难，同时也可能限制了竞拍价格的充分发现。为了优化竞拍流程，更好地满足客户需求，促进竞拍活动的健康发展，汕头分公司提出对竞得客户的付尾款、开单下流向及自提提货时间进行规范调整，具体措施如下。

（1）协议品竞得客户在竞拍成功后，仍需在当天 16 点前完成全部货款的支付，以确保资金及时到账，保障交易双方的权益。这一规定有助于维护竞拍的严肃性和公正性，防止因支付问题导致的交易纠纷。

（2）为减轻客户销售压力，给予竞得客户在付款后 24 小时内开单下流向的权利。这一调整旨在让客户能够更加灵活的安排时间，使其能够根据实际情况调整销售策略，更好地满足市场需求。同时，这也有助于促进竞拍价格的充分发现，因为客户在拥有更多时间考虑销售方案的情况下，可能更愿意出更高

的价格竞拍产品。

（3）对于自提提货时间，汕头分公司将根据实际情况与客户进行协商确定。在保障交易双方权益的前提下，尽量为客户提供便利的自提提货服务，确保竞拍活动的顺利进行。

通过以上措施的实施，汕头分公司建立了更加科学严谨的竞拍流程，更好地满足客户需求，促进竞拍活动的健康发展。同时，这也将有助于提升公司的服务水平和市场竞争力，为公司的长远发展奠定坚实基础。

2.10 规范竞拍合同生成及签订流程，提升工作效率与准确性

2023年，汕头分公司根据竞拍结果采用一单一签的合同签署方式，在竞拍标的产品数量较多或采用加量加价模式时，会导致合同数量剧增。这不仅严重影响了工作效率，还增加了出错的风险。因此，汕头分公司提出必须对合同签订流程进行优化，以确保竞拍活动的顺利进行，并提升工作效率和准确性。为实现这一目标，汕头分公司提出以下具体措施。

（1）建议对中油e化平台进行功能优化，实现竞拍结束后平台能够自动生成合同并进行线上签约。这一措施可以有效减少人工操作环节，降低出错率，同时实现无纸化办公，提高工作效率。在合同生成过程中，平台应确保合同条款的准确性和完整性，包括产品名称、规格、数量、价格、交货方式、违约责任等关键要素，以便客户能够清晰了解合同内容。

（2）2024年起，企管法规部与市场营销部应共同设计年度购销协议框架，与有意参与竞拍的全部客户签订年度框架协议。这一措施旨在提前确定全年购销合作的基本框架，为后续竞拍活动提供便捷和保障。在年度框架协议中，明确双方的权利和义务，规定竞拍的基本规则、流程和要求，以便客户能够提前了解和适应竞拍机制。同时，年度框架协议还预留一定的灵活性，以适应市场变化和客户需求的变化。

通过以上两种措施的实施，汕头分公司将实现竞拍合同生成及签订流程的规范化和高效化。平台自动生成合同和线上签约将大大简化签约流程，提高工作效率。年度框架协议的签订将为客户提供更加稳定和可靠的合作保障，同时也有助于减少合同纠纷和风险。

在实施过程中，汕头分公司加强内部管理和培训，确保员工能够熟练

掌握新流程和新工具的使用，提高工作效率和准确性。同时积极收集客户反馈和建议，不断优化和完善竞拍合同生成及签订流程，以满足市场和客户的需求。

2.11 规范竞拍活动通知机制，确保信息及时准确传递

协议品产品竞拍活动的信息作为连接买卖双方的重要桥梁，其公开性、公平性和公正性对于保障各方权益，促进市场健康发展具有重要意义。鉴于过去邀请方式的信息不公开性，汕头分公司已经积极通过微信群和中油 e 化网等平台发布竞拍信息，以拓宽信息渠道，吸引更多客户参与竞买。

然而，近期收到部分客户反馈，指出竞拍活动通知仍存在时间不确定的问题，导致客户的准备时间不足。为确保竞拍活动的顺利进行，保障各方客户的合法权益，汕头分公司建议进一步规范竞拍活动通知机制，具体措施如下。

（1）汕头分公司应建立明确的竞拍活动预告和通知制度。在竞拍活动前，至少提前一天确定竞拍活动详情，并固定在每天特定时间段，通过竞拍微信群进行预公告。此举旨在给予客户充分的时间准备，确保信息的及时性和准确性。

（2）区域业务单位的客户经理需承担起通知客户的责任。确保对所有客户进行全覆盖通知，并收集每家客户竞拍联系人的联系方式，以便在紧急情况下能够及时联系。此外，客户经理还需定期对客户联系方式进行更新，确保信息的有效性。

（3）为进一步提升通知效果，汕头分公司应增加多种通知渠道。除了微信群通知外，还可以利用短信提醒，微信公众号推送等功能，确保客户能够通过多渠道接收竞拍活动信息。同时，对于重要信息的通知或变更相关信息时，建议采用电话沟通或邮件确认等方式，确保客户能够收到信息、准确理解并做好准备。

（4）为确保竞拍活动的公正透明，汕头分公司应建立反馈机制。客户对于竞拍活动通知的满意度，提出的建议或意见应及时收集并处理，以便不断完善通知机制，提升客户体验。

通过以上措施的实施，汕头分公司能够建立起更加科学严谨的竞拍活动通知机制，确保信息及时准确传递，为竞拍活动的顺利开展提供有力保障。

同时，这也将有助于提升客户对竞拍活动的信任度和参与度，促进市场的健康发展。

3 取得的效果

3.1 管理效益

为确保广东石化项目合成树脂协议品产品竞价销售管理模式的高效实施，汕头分公司精心编制了《广东石化聚烯烃协议品产品、试车产品竞价销售实施方案》及其修订版，以及《吉化揭阳项目协议品产品竞价销售实施方案》和《吉林石化揭阳 ABS 协议品竞价销售实施方案》等四个全面、细致的实施方案。这些方案不仅对各单位、各部门的职责进行了明确界定，更对客户的权利和义务进行了详尽阐述，确保了整个竞价销售流程的规范、有序和高效。

通过实施"协议品线上竞价销售管理模式"，汕头分公司成功推动了广东石化项目合成树脂的协议品产品的全面、正常销售。所有产品的售价均保持在底价之上，这不仅极大缓解了因产销不平衡所带来的各种矛盾，更有效避免了销售与生产单位之间的互相指责与推诿现象。此举优化了销售管理机制，促使企业的销售管理水平迈上了新的台阶，为企业的持续稳定发展奠定了坚实基础。

在实施竞价销售的过程中，汕头分公司不仅成功解决了协议品产品如何销售才能实现效益最大化的问题，更通过竞价销售这一模式，精准把握了市场动态与定价趋势。这为企业提供了与市场互动的有效机制，使企业在激烈的市场竞争中始终保持敏锐的洞察力与应对能力。

此外，竞价过程的公开、公平和公正性得到了充分保障。由于竞价销售面向的客户群体广泛，竞拍出价完全基于客户的自身判断与决策，有效避免了定价销售中可能出现的内外勾结等不正之风，使得销售过程更加透明、公正。这不仅增强了客户对企业的信任，提高了客户对企业的满意度，更避免了因不当行为而损害企业效益的情况发生。

总的来说，通过实施协议品线上竞价销售管理模式及一系列相关实施方案，汕头分公司不仅在管理效益上取得了显著成果，更为企业的持续稳定发展注入了新的活力与动力。未来，汕头分公司将继续深化和完善这一管理模式，为企业创造更大的经济效益与社会价值。

3.2 经济效益

2023年，汕头分公司协议品竞拍销售成效显著，累计组织竞拍轮次高达535次，实现了竞拍成交量的稳步增长，达到了5.08万吨的卓越业绩为公司带来了1379万元的溢价收入，充分展现了汕头分公司高质量销售的能力和水平。

2024年一季度，汕头分公司继续发力，针对广东石化项目合成树脂协议品产品组织了166次竞拍活动，成交数量达到了1.19万吨。这一阶段的竞拍溢价高达497万元，充分体现了线上竞拍模式在推动产品效益最大化方面的优势。通过线上竞拍，公司不仅确保了产品的快速流通，更通过市场机制的调节作用，实现了产品价值的最大化。

汕头分公司能够取得如此显著的成效的关键在于对市场和自身能力的精准判断。分公司深知，只有基于对市场的深入分析和对自身能力的充分评估，才能制定出科学合理的销售策略。因此，在每一次竞拍活动中，分公司都会根据市场情况和产品特点，制定出相应的竞拍策略，确保产品能够以最优的价格成交。

同时，分公司也深知客户对于产品的重要性。为了吸引更多的客户参与竞拍，公司不仅提供了优质的产品和服务，还通过一系列的市场推广活动，提高了产品的知名度和美誉度，使得客户在竞拍过程中，更加信任公司的产品和服务，从而愿意报出更高的价格来获取所需的产品。

汕头分公司通过一系列的竞拍销售活动，不仅实现了产品的高效益销售，还积累了丰富的销售经验。这些经验将为公司未来的销售工作提供宝贵的借鉴和参考。未来，汕头分公司将继续深化市场研究，优化销售策略，不断提升自身的销售能力和水平，为公司的持续稳定发展贡献更大的力量。

3.3 社会效益

随着石化产能的持续扩张，市场供需矛盾日益凸显，供大于求的态势在可见的未来内将长期持续。在这样的背景下，企业销售工作压力空前加大，分公司既要确保产品的顺利销售，又要追求产品效益的最大化，以实现真正意义上的高质量销售。而竞价销售模式，正是应对这一挑战的重要手段，对于石化企业今后的合格品销售具有重要的参考价值。

通过不断实践与探索，汕头分公司不仅提升了自身的销售能力，更为整个石化行业提供了宝贵的经验和启示。竞价销售模式的引入，不仅优化了资源配置，还通过市场竞争机制，确保了产品的公正、公平和透明交易，推动了行业的健康发展。

此外，竞价销售模式还为石化企业在销售协议品、合格品等产品时提供了新的思路和办法。传统的销售模式往往受限于固定的价格体系，难以适应市场的快速变化。竞价销售模式则能够根据市场需求和竞争态势，灵活调整产品价格，从而更好地满足客户需求，提升市场竞争力。

从宏观的角度看，竞价销售模式的推广和应用，有助于推动石化行业的转型升级和高质量发展。通过引入市场竞争机制，激发企业的创新活力，提升产品质量和服务水平，进而推动整个行业的进步与发展。

综上所述，竞价销售模式不仅为汕头分公司带来了显著的经济效益，更在推动石化行业高质量发展方面发挥了重要作用。未来，随着市场竞争的加剧和客户需求的不断变化，竞价销售模式将继续发挥其独特优势，为石化行业的可持续发展贡献力量。

4 结论

通过分析中国石油华南化工销售汕头分公司在中油 e 化平台上实施竞价销售模式的实践，验证了该模式在提升合成树脂协议品销售效率和质量方面的显著成效。竞价销售模式有效解决了传统销售中信息不对称、操作不便及客户投诉频发等问题，实现了销售过程的公开、公平和透明。通过科学制定起拍价、优化竞拍流程、扩大客户群体等措施，汕头分公司不仅显著提升了销售效益，还增强了客户满意度和市场竞争力。此外，竞价销售模式为石化行业提供了新的销售思路，推动了行业的高质量发展。未来，汕头分公司将继续深化竞价销售模式的应用，进一步优化销售策略，为企业的持续稳定发展注入新动力。

参考文献

[1] 杨志超. 优化网上竞拍平台提高企业效益 [J]. 中国石化, 2011, (8): 15-16+18.
[2] 刘立玮. 适应煤炭行业新常态 创新营销新模式 [J]. 铁路采购与物流, 2014, 9 (10): 28-30.

[3] 李玉春.竞价销售模式及其利弊分析[J].炼油与化工,2015,26(6):68-70.

[4] 朱红杰.大宗生产原材料双变量竞价采购模式探索与实践[J].招标采购管理,2018(3):51-54.

[5] 张磊."三位一体",面向农业发展趋势的营销创新策略——肥料企业转型升级三力合一新思维[J].化工管理,2018(4):4-6.

[6] 刘璟丽.新时期煤炭销售面临的困境及对策探究[J].内蒙古煤炭经济,2022(21):67-69.

[7] 王希彦.基于电子商务平台的煤炭企业"竞价"营销模式浅谈[J].中国市场,2022,(16):145-147.

[8] 常刚,邱少尉.电子竞价在某石化企业废旧物资处置项目中的应用研究[J].招标采购管理,2022,(5):50-52.

中国石油合成树脂产品共享托盘运用研究

林智敬　孙颖楠　翁　义　冯铭程　盛　婕

摘　要：近年来，随着国内石油化工产能的集中投放，合成树脂行业的竞争从价格竞争、质量竞争、渠道竞争，逐步延伸至服务竞争。目前，中国石油合成树脂产品的包装方式单一，以小袋包装为主，存在装卸效率低、产品美誉度低、库容利用率低等问题，影响了该产品的市场竞争力。文章对合成树脂产品的多种包装、储运方式进行分析，以"共享托盘＋冷套膜"包装方式作为研究对象，通过"共享托盘＋冷套膜"运营模式在物流运作各环节的全价值链分析，研究"共享托盘＋冷套膜"运营模式的可行性和优越性。提出通过集采压降共享托盘采购成本，通过推动"共享托盘＋冷套膜"包装方式提高机械化作业水平、提高产品美誉度和库容利用率。提前布局再生料回收和出口市场，进而提升中国石油合成树脂产品市场竞争力的路径选择。

关键词：共享托盘；合成树脂；包装方式

1　研究背景

1.1　合成树脂行业发展情况

合成树脂是汽车、建筑、轨道交通，以及新一代信息技术、生物、高端装备制造、新能源、航空航天等战略性新兴产业发展急需的重要配套材料和重要保障，是科技发展和社会进步的重要支撑。

多年来，中国合成树脂的产能、产量和消费量一直稳居世界第一位。随着近年来炼化产业升级的不断推进，化工产能快速扩张，2025年乙烯产能将达到6000万吨。中国将成为全球最大的乙烯生产国。中国合成树脂年需求量约12300万吨，其中聚乙烯和聚丙烯年需求量在7500万吨左右。2025年，中国聚乙烯、聚丙烯产能双双超过5200万吨/年，产能严重过剩已成定局。

当前，市场竞争日趋激烈，合成树脂行业从质量、价格竞争，全面升级到包装、运输、服务等方面的全方位竞争，对产品包装清洁度、机械化作业、包装绿色环保等方面提出了更高的要求。合成树脂产品"共享托盘+冷套膜"、吨袋等集装化包装形式已成为市场新趋势，集装化包装提高了机械化作业程度，有效解决了散袋包装存在的产品污染和破损问题。共享托盘由于具有价格优势、运营成熟、绿色可循环等特点，成为市场集装化包装的主要载体。

1.2 合成树脂产品包装形式

1.2.1 25kg 重膜包装

当前，合成树脂行业主要采用 FFS 重包装膜将产品包装成 25kg 袋装。按照欧美国家的分类方法，通常把能承载 10~50kg 固体颗粒或粉状物料的包装膜通称为重包装膜。一般情况下，采用 25kg 装的包装袋又称 25kg 袋。25kg 重膜包装在快速包装、一次成型、无污染、节省材料、人工成本低、良好的密封防潮性和印刷性能等方面占据优势，但也存在无法采用机械化装卸、人工装卸成本高、运输易裂口、包装易污染等问题，影响产品美誉度与使用。

1.2.2 吨袋包装

吨袋是一种中型散装容器，是集装单元器具的一种，配以起重机或叉车，就可以实现集装单元化运输。它具有容积大、重量轻、结构简单、可以折叠、回空所占空间小、价格低廉等特点。相对于小袋包装来说，吨袋包装可以降低包装设备故障率、维修成本，同时提高包装效率，方便工业运输，节省包装袋的使用（可以重复使用），对于成本的压缩及保护环境都有好处。但对装运车型、下游客户要求较高，可做特殊供应使用。

1.2.3 "托盘+冷套膜"包装

"托盘+冷套膜"包装是在 25kg 重膜包装的基础上，外加冷缩套膜和共享托盘的包装方式。每托货物净重 1.5 吨（60 包/12 层），在装卸、运输等环节以托为基本单元，是当前石化企业包装方式创新的主要方式。共享"托盘+冷套膜"包装产品，在各环节作为运输、存储、装卸、搬运和计量单元，可全程实现托盘一体化作业，能够有效避免货物在交割环节上反复倒换托盘的现象，减少无效劳动，但也存在运输亏吨等问题。

1.2.4 散料包装

散料包装是指合成树脂产品不经包装，在运输时由料仓直接输送至专用的集装箱车等设备，运送至下游客户使用。散装运输可以节省包装材料和费用，减少货物在运输过程中的损失，提高运输质量，加快车船周转速度，提高运输效率。但需要企业有足够罐容存放散料，需要下游客户拥有配套接卸设施，需要专用车辆运输，可以作为多样化运输手段供给特殊客户使用。

1.3 其他石化企业包装应用情况

近年来，随着散包人力成本上涨，货物污损，客户投诉、人工装卸效率低等矛盾不断凸显，加上部分进口产品带托运输模式得到客户普遍认可的情况下，国内石化企业纷纷开始探索带托运输模式。

1.3.1 中国石化

中国石化合成树脂产品的包装"托盘+冷套膜"已占50%，25kg重膜40%、吨袋8%、散料集装箱2%。中国石化2021年就完成了"托盘+冷套膜"包装能力的改造升级，"托盘+冷套膜"包装形式在华南区域占比高达80%，在华东区域占比60%。25kg重膜包装主要集中在华北、西南等地区生产企业，占比约50%。吨袋包装根据客户需求提供，散料集装箱作为新兴的包装形式，占比较低。

1.3.2 中国海油、合资、煤化工、民营生产企业

华东、华南地区中国海油，以及合资、民营生产企业合成树脂产品的包装多以"托盘+冷套膜"形式为主。中海壳牌、福建联合、浙江石化等生产企业"托盘+冷套膜"的使用率均达到了100%，恒力石化仍以25kg重膜包装为主。煤化工生产企业产品集装化包装比例较低，以25kg重膜包装为主，少数企业开始采用"托盘+冷套膜"包装和散料集装箱运输。

1.3.3 国外产品

国外产品全部采用集装化包装运输，主要采用"重膜+一次性托盘+冷套膜"或"一次性托盘+吨袋"包装、集装箱陆海联运方式运抵中国，部分采取散料集装箱形式运抵中国，按客户需求再进行二次包装。

2 中国石油合成树脂产品包装现状

2.1 产品包装基本情况

2.1.1 初步形成多元化包装能力

2016年，炼化新材料公司组织开展了包装改进工作，将原有包装线由编织

袋改造为重膜。新建包装线直接实现重膜包装，产品美誉度大幅提升，洁净度得到了保证。新增吨袋包装线、"托盘＋冷套膜"包装线基本满足医用料、管材料等重点产品集装化包装需求。

2.1.2 产品运输多种方式并存

2022年，合成树脂产品运量近1200万吨，其中铁路运量占比60%，公路运量占比30%，集装箱陆海联运量占比10%。铁路运输方面，西北地区以铁路棚车为主，东北地区以铁路棚车和行包车为主，铁路棚车运输占比70%，行包车占比30%。

2.2 产品包装存在的问题

2.2.1 包装形式不能满足客户需求

2022年，集团公司销售合成树脂产品近1200万吨，其中25kg重膜小包装占比约90%，"托盘＋冷套膜"、吨袋、散料集装箱三种包装形式合计占比不足1%。中国石化合成树脂产品集装化包装整体比重超过50%，经济发达的华南地区已经超过80%，更能满足客户对产品清洁度、机械化作业的需求。中国石油合成树脂客户对产品集装化包装需求越来越强，存在客户流失的风险。

2.2.2 包装形式影响产品库容

当前，中国石油炼化生产企业的合成树脂产品采用25kg小包装方式包装，通过托盘码垛后存放在库房，采用哈博实码垛机每层码垛5包，共码垛8层，1托重1吨。在库房堆放时理论设计码垛3层，在实际运行中受限于包装袋质量与码垛安全稳定性码垛2层，导致库房利用率低。为保障生产后路通畅，在营销调运过程中，有时不得不采用让利出货、移库等手段维持库存，但这类手段损失企业效益。

2.2.3 包装形式增加人力成本

中国石油炼化生产企业的合成树脂产品基本采用小包装散包、人工码垛装车方式，装卸效率和装卸极限均受限于工人的能力，无法满足特殊时段的集中出库、降库需求。提货需求较大时，车辆等待时间过长，会增加装车成本。未来也将面临装卸劳力短缺，装车成本持续上升的行业痛点。

2.2.4 重膜散袋包装存在破损、外包装污染等问题

通过调研发现，中国石油合成树脂25kg重膜包装存在的问题主要表现为

产品破包、外包装污染、封口开裂、到货批号混乱、包装形式不满足需要。

（1）包装破损率高。由于运输距离长、运输环境差，公路、铁路、陆海联运三种运输方式的破损率较高，客户投诉、商务理赔较多。

（2）外包装污染程度重。中国石油产品由于运输距离长、铁路车厢密闭差等原因，容易吸附更多的灰尘，不能满足客户对产品包装的高清洁要求，与中国石化产品对比美观度更低。

2.3 合成树脂包装优化方向

分析发现，中国石油的合成树脂产品包装以 25kg 重膜包装为主，存在包装易污染破损、装卸效率低、产品美誉度低等多方面问题，需要积极探索改进包装方式。对比中国石化等企业的合成树脂产品包装，中国石油炼化企业应积极利用共享托盘等新技术产业来提高合成树脂产品美誉度与市场竞争力。

目前，中国石油部分炼化生产企业已经在共享托盘带托运输业务上做出了有益探索。2019 年 4 月，大庆石化公司开始使用"共享托盘＋覆膜包装"的铁路出厂运输方式，为华东市场客户供应农夫山泉水桶专用料，实现了绿色配送。2023 年，广东石化投产后，生产的合成树脂产品全部使用共享托盘带托运输方式出厂，由深圳市普拉托科技有限公司提供子母托盘共享租赁和运营服务。

3 共享托盘包装运输全价值分析

参照中国石化化工销售华南公司在引入共享托盘运营商，并实现带托运输模式后的运作经验，中国石油引用中国石化产、销、运相关运作成本数据，对化工产品运输过程全价值链进行对比分析。

3.1 生产企业装车环节

生产企业实施共享托盘带托运输后，在托盘使用成本、冷缩套膜成本、包装袋成本，以及装车作业成本等方面会发生相应的变化。其中，托盘使用成本略有增加，新增了冷缩套膜的成本，加套膜之后包装袋可以进行减薄（从0.16mm 减至 0.12mm 甚至 0.10mm），可节约一定的成本，装车成本有大幅下降。生产企业在使用带托运输前后的成本对比如表 1 所示。

表 1 生产企业使用带托运输前后成本对比

带托运输 实施阶段	托盘使用 成本	冷缩套膜成本 （元/吨）	包装袋减薄后 节约成本 （元/吨）	装车费 （元/吨）	实施带托运输后 企业成本变化 （元/吨）
实施前	4	0	0	10	
实施后	5	10	-10	2	
成本变化	1	10	-10	-8	-7

目前中国石油 25kg 重膜包装袋厚度为 130~150μm，采用"托盘+冷套膜"的包装方式后，对于重膜包装强度要求降低，重膜厚度可以减薄至 120~140μm，可降低包装成本 10 元/吨左右。

3.2　运输环节

以公路运输为例，使用传统车型装运带托货物与散包运输方式相比，装载数量有所减少，无法实现满载。但是带托运输方式降低了货物的破损率，车辆的等装、等卸时间也大大缩短。而且采用新车型之后，载货量可达 30 吨/车，亏吨情况并不明显，带托货物公路运输的吨千米运价并未增加。

3.3　仓储环节

在中转库的仓储环节，使用带托运输可减少装、卸作业费用和托盘使用费（无须另购周转托盘）。除此之外，还可以在以下几个方面带来效益：（1）避免人工搬运，减少货物破损；（2）提高了整个仓库的作业效率，减少了人员管理的成本；（3）可以利用露天场地临时堆放货物，减少库容成本。使用共享托盘后的相关成本变化情况如表 2 所示。

表 2 使用共享托盘在中转库仓储环节的成本变化

共享托盘 实施阶段	卸车费 （元/吨）	装车费 （元/吨）	托盘使用成本 （元/吨）	合计 （元/吨）
实施前	15	15	4	34
实施后	7	7	0	14
成本变化	-8	-8	-4	-20

注：中转库的装、卸车费用要远高于生产企业的标准。

3.4 客户环节

对客户而言，使用带托运输可以减少卸车费、厂内搬运周转费和托盘使用费。货物的套膜还可以回收创效，可以减少人工搬运货物造成的破损，露天堆放时，还可减少对原料库房面积的需求。使用带托运输后，客户环节成本变化如表 3 所示。

表 3 使用带托运输在客户环节的成本变化

带托运输实施阶段	卸车费（元/吨）	厂内搬运费（元/吨）	托盘使用成本（元/吨）	套膜回收利用（元/吨）	合计（元/吨）
实施前	15	15	4	0	34
实施后	2	2	0	-4	0
成本变化	-13	-13	-4	-4	-34

3.5 全价值链的成本变化

在对目前已实施的带托运输业务进行全物流链（以公路运输为例）进行成本分析、对比之后可以看出，带托运输在物流链中产生的效益主要体现在装、卸和储存环节，在（公路）运输环节所带来的直接经济效益并不明显，但是车辆运输周转的效率有明显的提高。以公路运输为例，实施带拖运输后全物流链效益变化如表 4 所示。

表 4 实施带托运输后全物流链效益（公路运输）　　单位：元/吨

物流类型	生产企业成本变化	增加托盘流转费用	运输环节成本变化	仓储环节成本变化	客户环节成本变化	合计
生产企业—客户	-7	23	0	0	-34	-18
生产企业—中转库—客户	-7	23	0	-20	-34	-38

4 推进共享托盘实施路径

4.1 服务集中采购压控成本

2023 年在炼化新材料公司推进的共享托盘项目招标过程中，华南化工销售公司借鉴物资集采流程和经验，积极寻求集团公司、专业公司归口管理部门的指导，摸索出一套新的服务项目集采招标的工作流程，是服务类项目集中招标采购的一次有益尝试。

该流程通过精准研判市场竞争情况，分析主要企业运营成本情况，科学选用价格评分公式，确保客户在合理价基础上充分竞争，实现较为理想的中标价格。

4.2 促进与头部企业合作

中国石油合成树脂产品共享托盘的运用，涉及21家炼化生产企业、6家化工销售大区公司及其下游用户，影响面广、需求量大、保障难度高，对共享托盘运营企业的资金、产能、网络、运营团队、管理经验均提出极高要求。让综合实力强、管理经验丰富的企业参与合作，实现与共享托盘头部运营企业合作，从而更有效地保障"共享托盘+冷套膜"包装和运输业务模式的平稳运行。

4.3 分批次改进合成树脂产品包装线

当前中国石油只有部分炼化生产企业具备"共享托盘+冷套膜"的包装能力，大部分炼化生产企业不具备或少量具备包装能力，整体包装能力不足46%。为推进合成树脂产品共享托盘运营，需要根据各炼化生产企业实际情况完成包装线改造，让更多生产企业具备"共享托盘+冷套膜"包装能力。

4.4 践行绿色低碳发展

在推进共享托盘项目过程中，一是要有力保障包装升级改造工作实施，拥抱共享经济新模式。二是要与共享托盘运营企业合作，将使用共享托盘减排碳税、促进物料回收的减排碳税计入业主单位减碳指标，为集团公司减碳目标实现作出贡献。三是要在原材料采购、联合办厂、运输资源合作等方面扩大合作，提升整体竞争力。

4.5 加强运输亏吨攻关

根据产品包装形式的变化，全面梳理产品包装形式变化对各种运输方式费用标准变化的影响情况。积极优化运输方式和装载工具，优先选择运输亏吨少的运输方式及装载工具,最大限度减少运空亏吨,努力降低运输费用。铁路运输优先使用铁路行包车或集装箱进行运输组织,降低铁路棚车使用量。生产企业根据包装形式变化,针对装载工具制订最优包装形式和装车方案,最大限度控制运输亏吨。

4.6 快速推进物流信息化建设

智慧物流信息系统有机衔接了化工销售 ERP、中油 e 化电商平台、生产企业储运物流系统,实现了"订单—物流交货计划—物流交货单—车辆预约进厂—装车出库数据采集—在途跟踪"业务全流程的线上高效执行,促进了物流单据电子化流转,提高了业务运行效率,提升了客户体验。

对具备条件的生产企业,鼓励企业改建立体库房及自动化装车系统,新建装置建议新建立体库房,实现库房智能管理,进一步提高装车效率,降低人工成本。

5 合成树脂共享托盘运行解决问题

通过前述分析,推进"共享托盘+冷套膜"可以解决库房库存过小、库房利用率低、装车效率低、产品美誉度不高等长期困扰产品营销调运工作的痛点与瓶颈问题,在现有条件下,发挥出优化调整的最大效能。

5.1 提高库房利用率缩减营销调运成本

25 公斤小包装形式每托每层码垛 5 包,码垛 8 层共 1 吨。实施"共享托盘+冷套膜"后,每托每层码垛 5 包,可以码垛到 12 层共 1.5 吨。在同样码垛 2 托情况下,单位存储能力达到 3 吨,库房利用率提高 50%,未来若单托包装 1.625 吨,则库房利用率可提高至 62.5%。同时,采用"共享托盘+冷套膜"方式,合成树脂产品可短期存放于露天环境,进一步提升库房使用效率。根据以上分析,库房库容增加可以减少营销调运的成本,更好实现量价配合、减少移库。

5.2 提高合成树脂产品装卸效率

当前中国石油炼厂合成树脂出厂以人工装车为主,企业端每车装车时间约为 40~60 分钟，客户端每车卸车时间约为 60~90 分钟。

中国石化相关企业、中国石油广东石化实施"共享托盘＋冷套膜"带托出厂运输方式后，采用叉车机械作业，装车效率大幅提高。每台车装车时间 20~30 分钟，且不受工人体能、作业场景限制，在客户端带托出厂卸车时间约为 20~30 分钟。另外考虑到大多数客户都需要临时找装卸劳务工，带托出厂后客户端的装卸等待时间可以减少约 2~6 小时。

5.3　降低人力资源成本

通过全价值链的成本分析发现，散包出厂工厂装车人工成本 8~10 元／吨，采用"共享托盘＋冷套膜"方式出厂，装车成本 1~2 元／吨，节约装车成本约 8 元／吨。

未来人工装卸成本还将持续上涨，带托出厂方式可以解决装卸劳力短缺、装车成本持续上升的行业痛点。同时这种出厂方式能延长装车作业时间，提高出厂能力，缓解库容不足，减少移库，为智能出入库创造条件，同时也能提高产品美誉度，增加客户黏性。

5.4　提高合成树脂产品市场美誉度

2023 年初，广东石化投产，其聚烯烃产品 100% 采用"共享托盘＋冷套膜"包装方式。该包装和运输方式降低了包装损坏率和污损度，同时降低客户装卸成本，得到下游用户的高度赞赏，极大提升了昆仑品牌市场美誉度和竞争力。预计未来随着该模式在中国石油炼化生产企业的全面推广运用，中国石油合成树脂产品市场美誉度和市场竞争力将得到切实提升。

5.5　助力炼化生产企业立体库建设

近年来，随着合成树脂产业的蓬勃发展和安全环保的更高要求，传统的平面库房及人工操作模式已跟不上产业发展的需求。为满足合成树脂产品行业向"高精尖产业"方向发展，需要通过智能化立体库建设匹配充足、快速、高效的仓储能力。通过推进立体库建设与合成树脂产品"共享托盘＋冷套膜"包装方式运营，共同打造现代化经营能力，提高合成树脂产品出入出库的自动化水平，降低人工劳动强度，提高劳动生产率。

6 结论

习近平总书记多次强调要持续推动经济高质量发展,加快构建市场竞争力强、可持续的现代产业体系。实施"共享托盘+冷套膜"包装和运输方式,有着以下优势:(1)货物在各环节的装卸过程中,可实现机械化作业,避免人工野蛮装卸导致的包装破坏和商品货物损耗。(2)缩短了物流链各环节的作业时间,大大提高了物流运作效率,节约了物流运行的时间成本。(3)最大限度地减少了劳动用工,节约了大量的人工成本。(4)利用该包装优势进一步优化产品堆叠方法,进而提高现有库房储存能力,为销售策略灵活实施创造更大弹性空间。(5)有利于提高产品整洁度,提高产品美誉度和品牌形象。

推进"共享托盘+冷套膜"业务模式是优化产业链、供应链的重要环节,这种业务模式将为企业提升市场竞争力提供有力支撑。中国石油炼化企业要以此为契机,稳步推进构建大物流格局,实现物流业务高质量发展。

参 考 文 献

[1] 国家信息中心分享经济研究中心. 中国共享经济发展报告(2020)[R]. 北京:国家信息中心分享经济研究中心,2020.

[2] 杨延飞,王殿铭,杨桂英. 中国合成树脂产业面临的机遇与挑战[J]. 当代石油石化,2018,26(2):1-4+10.

[3] 王海霞. 国内外合成树脂行业发展现状及趋势分析[J]. 化工管理,2018(26):1-4.

[4] 慧职网. 我国合成树脂行业产能结构性过剩[J]. 工程塑料应用,2014,42(4):18.

[5] 中国石油炼化新材料公司. 合成树脂产品包装改进升级方案[R]. 北京:中国石油炼化新材料公司,2023.

[6] 刘艳霞. 共享物流下的企业托盘共用问题及发展建议[J]. 物流科技,2017,3(10):16-18.

[7] 邢琨. 从自动化立体仓库角度浅谈托盘共享与带板运输[J]. 物流工程与管理,2021,43(4):174-176.

[8] 丁宏,宋岩. FFS重包装膜的应用和发展趋势[J]. 塑料工业,2009,37(8):84-86.